Mein Eintracht-Tagebuch

Gras wächst auch nicht schneller, wenn man dran zieht ...

Mit einem Vorwort von Heribert Bruchhagen
und einer Einleitung von Gerhard Steines

SOCIETÄTSVERLAG

Satz: Nicole Proba, Societäts-Verlag
Umschlaggestaltung: weltdesign, Frankfurt am Main
Druck und Verarbeitung: Kessler Druck + Medien GmbH, Bobingen
Printed in Germany 2011

ISBN 978-3-7973-1247-1

Vorwort

In Frankfurt geht man zum Fußball, weil man vorher nicht weiß, wie es ausgeht.

Dieser Satz gilt bei der Eintracht von Sonntag bis Freitag. Am Samstagabend jedoch – nach dem Spiel – haben wir es bei Sieg oder Niederlage aber alle gewusst, warum, wieso und weshalb alles so gekommen ist.

Schließlich haben wir alle ja selbst Fußball gespielt in der Schule und auf der Straße! Und … je länger dies her ist, umso variantenreicher war das eigene Spiel im vertrauten Kreis. Zeitzeugen müssen da nicht herhalten, sie sind auch nicht erwünscht.

Man ist damals die 100m so um die 11 Sekunden gelaufen und war mit der Schülermannschaft mindestens Kreismeister.

Dann kam entweder eine Knieverletzung – ich kenne keinen 14-jährigen Knieverletzten – oder man hat sich halt für die Berufskarriere und gegen den Profifußball entschieden, obwohl eine Profikarriere möglich war.

Auch die Kameradschaft war bestens, und man hat wie Pech und Schwefel zusammengehalten. Wer hat eigentlich kontrolliert, welche Bindungsfähigkeit Schwefel hat?

Warum sieht man das bei den Millionären in kurzen Hosen nicht mehr? Gut, bei der Mannschaft, die gewonnen hat – auch bei der sind die Hosen übrigens nicht mehr kurz – war noch etwas wie Zusammenhalt zu sehen, doch der Verlierer war ja ein Hühnerhaufen ohne jeden Zusammenhalt. Und im Übrigen: So kann es nicht weitergehen. Es muss etwas passieren. Die Mannschaft und der Verein müssen klar erkennbare Ziele haben. Schau' mal rüber in die Nachbarstadt, dort wissen sie, wie es gemacht wird. Und so lange die am Ruder sind, wird die Wirtschaft nie einsteigen. Jedoch, zumeist sitzen Vertreter der Wirtschaft sehr wohl am Ruder!

Aber was nutzt das ganze Rudern, wenn man sich nicht über die Richtung verständigen kann. Ganz im Vertrauen,

so wird das nichts! Und noch was, so lange der Meier in der Defensive rumturnt, kann das nichts werden.

Eigentlich wollte ich mir in diesem Jahr das Gekicke nicht mehr antun, doch mit wem soll ich denn reden, wenn ich am Samstag nicht dabei war. Wer kümmert sich dann samstags um mich? Und wer weiß, zuletzt gab es doch Ansätze zum besseren Fußball, auch wenn die Ergebnisse es noch nicht hergaben, auch wegen Schiedsrichterpech …

Und noch was: einmal Eintracht, immer Eintracht!

Heribert Bruchhagen

Hurra, wir lesen noch!

Der alle Erwartungen übertreffende Erfolg von »Den Schal enger schnallen und in die Ohren spucken«, das erste Buch mit gesammelten Eintracht-Frankfurt-Kolumnen von Hendrik Nachtsheim, widerlegt Skeptiker, die das auf Papier gedruckte Buch zu einer aussterbenden Gattung erklären.

Zumal der Erfolgsweg mit Stolpersteinen gepflastert schien. Die abgedruckten Kolumnen waren allesamt schon im Sportteil der Zeitungen des mittelhessischen MDV-Verlages (Gießener Allgemeine, Wetterauer Zeitung, Alsfelder Allgemeine) erschienen, konnten auch online nachgelesen werden und hatten zum Zeitpunkt ihrer Veröffentlichung in Buchform keine aktuelle Bedeutung mehr. Und dann der Autor! Zwar ein großer Name, in Hessen einer der größten überhaupt, jedoch: ein Comedian!? Auf der Bühne ein Naturereignis, dort ein Mann des virtuos gesprochenen Wortes – aber auch einer des geschriebenen, in einem Buch, ohne musikalische oder mimische Verstärkung?

Und überhaupt: Komik. Beim Sport und beim Sex versteht der damit beschäftigte Mensch keinen Spaß, der Fan erst recht nicht, jedenfalls nicht, wenn es um seine eigene Mannschaft geht. Wie sollte das nur gut gehen?

Der Schreiber dieses Vorworts, hiermit sei's reuig zugegeben, gehörte zu den größten Pessimisten des Buchprojektes. So viele Handicaps!

Doch über allen Stolpersteinen schwebt Henni. Er schrieb und schreibt seine Kolumnen nicht als fußballferner Witzemacher, sondern als ausgewiesener Fachmann und genauso kreativ, akribisch vorbereitend und sorgsam formulierend wie für »Badesalz«-Sketche oder Lieder für seine Solo-Auftritte als Sänger. So geriet jede Eintracht-Kolumne zu einem kunstvollen Mix aus Sketch und Kommentar, Humor und Fachwissen, und das heiße Herz des ausgewiesenen Eintracht-Fans schrieb immer mit.

Mittlerweile hat Henni mit seinen Kolumnen schon fünf Eintracht-Spielzeiten begleitet, seit August 2009 nicht nur in den MDV-Blättern, sondern auch in der Frankfurter Neuen Presse und der Frankfurter Allgemeinen Zeitung. Die erste Auflage des ersten Kolumnen-Buches ist längst ausverkauft, die zweite Auflage schon fast, und dem vorliegenden zweiten Buch sahen die Henni- und Eintracht-Fans schon seit Monaten mit großer Vorfreude entgegen.

Ohne Matthias Beltz würde es keines der beiden Bücher geben. Womit wir zur Vorgeschichte der Kolumnen kommen. Der unvergessene hessische Kabarettist hatte um die Jahrtausendwende herum die Verbindung zwischen seinem Freund Henni und dem MDV-Sportredakteur geknüpft, seinem ihm freundschaftlich verbundenen Gießener Landsmann. Mit diesem als Stichwortgeber bildeten Beltz und Nachtsheim zunächst ein gut gelauntes und glänzend aufgelegtes Duo, das für die den Sportteil der MDV-Zeitungen täglich eröffnenden »Anstoß«-Kolumnen über Sport, Gott und die Welt sprach, mit besonderer Berücksichtigung der Frankfurter Eintracht.

Bald schon stellte sich heraus, dass Henni Nachtsheim nicht nur Fan, sondern auch ein extrem kundiger Eintracht-Fachmann war, mit Detail-Wissen im Kopf, das der Redakteur nicht mal im Archiv hatte. Es lag nahe, diesen Schatz zu heben. Henni stimmte sofort zu, womit die Vor-Geschichte beendet ist. Seitdem schreibt Henni unter seinem Geburtsnamen Hendrik Nachtsheim Eintracht-Kolumnen, was signalisieren soll: Hier führt nicht der Comedian einen Sketch auf, sondern der Kenner fachlich Fundiertes vor (das aber immer öfter zum grandiosen Sketch »ausartete«). Dabei spürt der Leser in jedem Satz die innere Freude des Schreibers und fühlt, dass hier einer zu seinen Wurzeln zurückgekehrt ist.

Denn Henni spielte schon früh aktiv Fußball, beginnend in der D-Jugend der Spielvereinigung Neu-Isenburg. Die hoffnungsvolle Karriere endete, »als ich mir bei den Junioren die Bänder gefetzt habe«. In der Verletzungspause absolvierte Henni das Reha-Programm bei einer Vorläufer-Gruppe der Rodgau Monotones, »und dann war es mit der Sportkarriere vorbei, weil die bei jeder Probe einen Kasten Bier plattgemacht haben, sodass ich innerhalb eines Monats zehn Kilo zugelegt habe und nur noch Musiker war«.

Als Henni Nachtsheim Anfang der 80er Jahre Sportredakteur werden wollte, verhinderte ein unverhofftes Ereignis die Redakteurslaufbahn: »Damals hatte ich gerade bei den Rodgau Monotones angefangen, aber zugleich eine Sonntagsdienst-Stelle bei der Frankfurter Neuen Presse bekommen und dort die Oberliga Hessen betreut, also die Spielberichte zusammengestellt, Korrektur gelesen, auch Spiele besucht. Gerade als mir das Volontariat zusgesagt wurde, kam ›Erbarme, die Hesse komme‹ dazwischen, und so habe ich mich halt für die Musikerlaufbahn entschieden.«

»Erbarme, die Hesse komme!« Ein ewiger Hit, die eigentliche Hessen-Hymne, geschrieben von Henni Nachtsheim und seinem Partner Ali Neander.

»Unser David Bowie heißt Heinz Schenk.«

Unser Günter Netzer heißt .... nee, wirklisch ned! Bevor wir die engen Grenzen eigener Witzischkeit mit einem unpassenden Vergleich übertreten (mit Netzer hat Henni nur Größe, Haarfarbe und – nun ja, hatte – den genialen Fußball-Fuß gemeinsam, mit Heinz Schenk nichts), beschließen wir das Vorwort zum zweiten Kolumnen-Buch wie jenes zum ersten, auch wenn der furiose »Badesalz«-Comedian es wieder nicht gerne liest:

Privat ist Henni eine Seele von Mensch, bescheiden, liebenswürdig und hilfsbereit - ewwe ‘n ganz eschte Kerl!

Gerhard Steines

Zu Besuch bei Madame Xena

Bei den Olympischen Spielen in Peking singt eine hübsche kleine Chinesin die Vaterland-Hymne, nein, sie tut nur so, als würde sie singen, denn die Schöne ist nur das Double für die wahre Sängerin, die den Chinesen aber wegen ausgeprägter Wangenbäckchen und schiefer Zähne zu unscheinbar erscheint, um sie der Weltöffentlichkeit präsentieren zu können. Zur gleichen Zeit geht Henni in Frankfurt zur Wahrsagerin und lässt sich die neue Saison prophezeien. Er erfährt Erstaunliches, und das vertraut er seinem Tagebuch an.

Ein wenig irritiert ihn allerdings die füllige Figur der Wahrsagerin. Ist die gewaltige Xena etwa auch nur ein Double wie die kleine Chinesin? Und wenn ja … von wem?

Liebes Eintracht-Tagebuch,

vielleicht erinnerst Du Dich noch an mich. Als ich ein Junge war, und das mit der Eintracht und mir immer intensiver wurde, habe ich angefangen, Dir zu schreiben. Das war seinerzeit ein gutes Mittel, meine Gedanken, meine Sorgen oder auch meine euphorischen Gefühle zu verarbeiten. Zumal man »normalen« Menschen oft gar nicht vermitteln kann, wie es tief drinnen in der Seele eines Fußballfans aussieht … da bekommt man manchmal schneller eine von diesen weißen Jacken ohne Ärmel übergestülpt, als man sich erklären kann.

Ja, und nun habe ich beschlossen, Dir wieder zu schreiben. Das wird aufgrund meines Berufslebens mitunter unregelmäßig sein, aber schreiben werde ich! Weil ich sicher bin, dass es mir gut tun wird! Und wenn Du gleich erfährst, wie ich vor Kurzem versucht habe, mich auf die neue Saison einzustellen, wirst Du noch besser begreifen, wie wichtig das für mich ist!

Also, vor geraumer Zeit hat mir ein Freund von einer Wahrsagerin erzählt, die er aufgesucht hatte, und sie glaubwürdig als »der Hammer« angepriesen, da sie ihm treffsicher sowohl den neuen Job als auch die neue Freundin prophezeit hatte. Und da ich bezüglich Zukunftsfragen doch gerade dieser Tage stark verunsichert war, bin ich gestern tatsächlich auch hingegangen. Und ehe ich mich versah, saß ich ihr in ihrem kleinen Wohnzimmer schon gegenüber.

»So guter Mann, dann sagen Sie Madame Xena mal, warum Sie sind hier!«, eröffnete sie unsere Sitzung. Ich zögerte kurz, während ich sie erstmal musterte, wie sie da vor dieser unfassbaren Fototapete saß. Den mehr als fülligen Körper in bunte Tücher gewickelt, und bis über die Nase gezogen ein pinkfarbener Schleier, der lediglich einen Blick in ihre tiefblau umschminkten Augen zuließ. Die mir, unruhig blinzelnd, signalisierten, dass sie auf meine Antwort wartete. »Also gut«, begann ich, »ich bin seit Kindheit ein großer Fan von Eintracht Frankfurt. Und irgendwie hab ich ein leicht mulmiges Gefühl. Die neue Saison geht los, die anderen Vereine haben unglaublich aufgerüstet, und ich bin mir unsicher, wie das für uns laufen wird …« »Verstehe … Sie wollen Vorhersage für neue Saison. Machen wir! Sie geben mir Stichwörter, und ich würfele das aus … okay guter Mann?«, antwortete sie in einer eigenwilligen Mischung aus Polnisch und Hessisch. »Okay«, stammelte ich, während ich fieberhaft überlegte, was ich überhaupt alles wissen wollte.

»Vielleicht sollten wir erstmal mit ein paar anderen Vereinen anfangen, davon hängt ja auch viel ab. Gut, dass Bayern Meister wird, ist ja eh klar, und das ist ja auch nicht schlimm …« »Moment, guter Mann, wollen wir doch erstmal schauen, was Würfel dazu sagen …« Sie pfefferte genau diese in einen Karton. »Aha, kuck an … Bayern werden nämlich gar nicht Meister …« »Echt? Warum nicht?« »Wurstvergiftung! Irgendjemand hat komplette Mannschaft mit fabrikeigener Wurst gefüttert … alle böse krank, alle wochenlang Dünnschiss … kostet ganz viele Punkte!«

»Das ist ja en Ding … hm, dann wird's halt Werder!« »Nein, wird es auch nicht … ich sehe einen kleinen Brasilianer, der kloppt sich mit Manager, weil der ihm will wegnehmen olympische Medaille. Das ist schlecht für Stimmung, deshalb oft verlieren!« »Gut, dann halt Wolfsburg?« »Nein, in Wolfsburg gibt es Probleme, weil die gekauft haben zwei Papagallo aus Palermo. Die sehen aus zu gut, deshalb verdrehen sie gesamtes weibliches Personal auf Geschäftsstelle die Köpfe, daraufhin passieren schlimme Fehler in Buchhaltung. Verein ist Mitte Saison pleite!«

»Oh! Und Schalke?« »Auch nix. Haben innere Stimme, die ihnen verbietet, Erster zu werden!« »Was ist mit Leverkusen?« »Moment … ich muss gucken … eieiei … Spieler bekommen von Firma, der wo Verein gehört, neues Präparat zum besser Poppen …« »Was, die sind doch noch alle jung!« »Egal! Test geht los nach hinten, alle impotent, und dadurch depressiv!« »Kaum zu glauben. Können Sie denn sehen, wer dann Meister wird?« »Natierlich kann ich … ist sich Aufsteiger …« »Doch nicht etwa Köln?« »Sind Sie bescheuert, guter Mann? Dafür muss man nicht mal Würfel fragen, um zu wissen, dass dieser bekloppte Verein mit bekloppte Trainer, bekloppte Vorstand und bekloppte Geißbock nie mehr wird Meister in ganzes Leben! Nein, Verein ist südlich!« Damit war auch Gladbach ausgeschlossen. »Dann wird es Hoffenheim?« »Genau! Anfang von Saison läuft dort nicht gut, aber dann macht Besitzer von Verein Kaffeekasse auf und kauft davon beste Spieler von Barcelona, Chelsea und eine tolle Brasilianer von AC Mailand.« »Kaka!« »Dazu müssen Sie raus in Flur, 1.Tür rechts!« »Nein, so heißt der Spieler!« »Oje!« »Nix oje, das ist einer der besten Spieler der Welt! Und der kommt nach Hoffenheim? Fehlt ja nur noch Ronaldinho …« »Ist das der mit schwarze Haare und Bugs Bunny-Zähnen?« »Ja, genau der!« »Der kommt auch … aber hier nach Frankfurt!« »Was?! Wieso … wie … wie geht das denn?« »Ganz einfach. Der Hasenzahnmann ist zu dick und macht deswegen die berühmte Handkäsdiät in Klinik in Frankfurt-Sachsenhausen. Dort lernt er anderen dicken Brasilianer kennen

Eine Mischung aus Anmut und verschleierter Erotik ... die geheimnisvolle Madame Xena!

...« »Caio!« »... die beiden müssen dauern trinken Süßgespritzten, darauf werden sie schwul, verlieben sich ineinander und deswegen bleiben beide zusammen hier. Beide werden wieder schön dünn und spielen wie junge Götter!« »Wahnsinn!« Du kannst Dir vorstellen, liebes Tagebuch, wie meine skeptische Haltung einer gewissen Euphorie wich! »Was sehen Sie denn noch bei der Eintracht?« Erneut flogen die Würfel.

»Sehe ich Mann in Trainingsanzug..« »Das ist Friedhelm Funkel!« »Aha ... aber warum er tragen das Teil sogar nachts in Bett ...? Egal ... er ist entspannt und entschlossen zugleich ... hat Mannschaft gut vorbereitet, Jungs spielen schneller als früher und wirken in Spiellage reifer ...« Spielanlage!« »Sie müssen nicht scheißen klug, guter Mann ... jetzt sehe ich noch einen Mann in Anzug..« »Das könnte Heribert Bruchhagen sein! Was sehen Sie genau?« »Er hat gepackt Journalisten an Kragen und ihn aus Fenster gehängt, weil der hat geschrieben zu optimistisch über Verein ... sagt ihm, dass wenn er nicht realistischer schreibt, er ihn lässt los!« »Das ist Heribert Bruchhagen!« Ich kam zur Frage der Fragen, und meine Stimme zitterte vor Aufregung, »… und wievielter wird die Eintracht?« Ein letztes Mal sausten die Würfel in den Karton »Sechster!« »Das ist ja super!« »Macht 100 Euro! Aber keine Quittung … Quittungsblock ist alle …«

Wie in Trance bezahlte ich, um mich dann auf den Weg zu meinen Freunden in unserer gemeinsamen Stammkneipe zu machen. Als ich alles berichtet hatte, schwieg jeder erstmal ergriffen, bis mein gewichtiger Freund Brocken die Stille durchbrach. »Darauf geb ich aaner aus! Henni, du wie immer en Süßgespritzte?« »Nee, ab heute nur noch sauer!«, entgegnete ich. Kurz darauf stand er mit vollem Tablett wieder am Tisch. Ich lächelte ihn dankbar an, bis mich plötzlich etwas stutzig machte. »Sag mal, Brocken, auch wenn das Licht hier ziemlich schummrig ist … bist du da irgendwie blau um die Augen …?« Brockens Gesicht geriet für kurz in eine Art Wallung, als würde jemand von innen seine Backen kneten. »Hab ich dir noch gar net erzählt … hatte 'ne Schlägerei, und der annern war Boxer! Blöd gelaufen!« »Aber Feilchen an beiden Augen …!« »Tja, war halt en Beidhänder … Und jetzt würd ich sagen … Auf die neue Saison!« Ja liebes Tagebuch, und dann haben wir alle die Gläser gehoben, um vereint und bestens gelaunt Brockens Aufforderung zu folgen. »Auf die neue Saison!«

In diesem Sinne!

Kopien und Originale

Noch'n Double? Nach dem stimmungs- und verheißungsvollen 1:1 im Freundschaftsspiel gegen Real Madrid steht gegen Hertha BSC eine Eintracht auf dem Platz, die nicht wiederzuerkennen ist und mit einer 0:2-Heimschlappe in die Saison stolpert. In Peking kommt Usain Bolt auch beinahe ins Stolpern, dennoch läuft er einen Fabel-Weltrekord über 100 Meter. Bei ihm spürt man das, was in neuer Sportsprache »Flow« genannt wird – wenn Kopf und Körper in vollendeter Harmonie »fließen«. Auch Britta Steffen hat den »Flow« und holt zweites Gold.

»Alles fließt?« Fast alles. Nur die Eintracht widerlegt den alten Heraklit.

Liebes Eintracht-Tagebuch,

gestern Nachmittag habe ich mir mal selbst frei gegeben und bin in ein Café bei uns im Ort gegangen. Glücklicherweise war nur noch ein einziger Tisch frei. ›Glücklicherweise‹ schreibe ich, weil ich genau dort, wenn auch unfreiwillig, Zeuge eines bemerkenswerten Dialogs am Nachbartisch wurde, den ich Dir natürlich erzählen muss. Geführt wurde er von zwei Frauen mittleren Alters, deren biedere Klamotten nur noch durch ihre noch biederen Frisuren getoppt wurden. Ungeduldig bestellten sie Kaffee und Kuchen, so als ob sie es eilig hätten. Und kaum hatte die Bedienung alles Gewünschte vor ihnen abgestellt, wurde mir auch klar, warum. Denn auch wenn ich eigentlich nicht unbedingt dazu neige, fremden Gespräche zu lauschen, so unterhielten sich beide einfach so laut und aufgeregt, dass man zwangsläufig zuhören musste!

»Also, dann leg mal los ... was wolltest du mir denn so dringend erzählen, Moni?« »Pass uff ... du kennst doch die Chippendales, oder?« »Diese Typen, die wo sich nackisch machen, und wo nur Frauen hindürfen ...?« »Genau die!«

»Ja, hab ich schon mal gesehe … (räuspert sich) … äh von gehört. Was ist denn mit denen?« »Da war ich am letzte Samstag!«

»Och komm? Du warst bei einer Stripteaseveranstaltung?! Moni, Moni!« »Ja, aber des war ja eigentlich en Geschenk für die Uschi … weil die doch jetzt heiratet!« »Ach so, und bevor sie ihren klaane, dicke Zwersch ehelicht, wolltet ihr ihr noch mal zeigen, was sie stattdessen alles versäumt …!« »Jetzt sei doch net so zynisch, Jutta! Des war en lustisch gemeintes Geschenk unner Freundinne!« »Und soweit ich weiß, auch net grad billig, oder?« »Des isses ja … da hat eine Karte 97 Euro gekostet, und wir warn zehn Weiber!« »Wow, da haben die ja allein an euch rund en Tausender verdient! Und … wie war's?« »Beschiss! Des war ein einziger Beschiss!« »Wieso denn des? Sind se angezogen geblieben und ham stattdessen was aus der Bibel vorgelesen …?« »Witzisch! Nein, des waren die gar net. Des warn … wie soll ich sagen … ›Kopien‹ …!« »Wie meinst'n des? Schaufensterpuppen oder was … ?« »Ich hab net gesagt, dass sie sich net beweschst ham … es waren nur net die echten!« »Aha … und woran habt ihr das gemerkt?« »Erstema gar net … als die rausgekomme sind, habbe alle gedacht, dass sie des sind, und deswegen lauter gekrische als beim Winterschlussverkauf! Aber dann ham die angefange, sich zur Musik zu bewegen! So was hab ich noch net gesehe! Da ham selbst die Schweinshaxe, die wo beim Metzger Noll im Fenster hänge, mehr Rhythmusgefühl. Und eine Choreografie, ungefähr so synchron wie die Kugeln bei de Lottoziehung, wenn se durch die Trommel hüppe! Und als mer dene Geldscheine vorne in die Unnerhos stecke wollte, habbe die gezuckt wie bei de urologischen Vorsorgeuntersuchung!« »Des gibt's doch net!« »Doch. Und irgendwann haben alle kapiert, dass des net die Richtigen waren, und sind natürlich sauer geworden! De ganze Saal hat gepfiffe! Da haben die uns einfach so 'ne Art B-Team dahin gestellt. Eine Frau hinter uns hat gemeint, des würden die öfters mache, so würden die an einem Abend gleich bei mehreren Auftritten abkassiern, und nur wer

Offensichtlich keine Frage, wer sich auf dieses Spiel besser vorbereitet hat!

Glück hat, sieht die Originale!« »So eine Sauerei!« »Wem sachste des? Wochelang habbe mer uns gefreut ... und dann sowas ... Kann ich nur hoffe, dass nächste Woche beim Howard Carpendale net auf einmal statt em Howie de Hausmeister von der Halle singt ... « »Ruf lieber noch mal an und frag nach!«

Ja, liebes Tagebuch, ein hübscher, belauschenswerter Dialog, oder? Und genau der fiel mir, als ich am Sonntag so nach 70 Minuten, rat- und sprachlos wie alle anderen (außer den Hertha-Fans) im Stadion auf den Rasen starrte, wieder ein! Denn das wäre natürlich eine Möglichkeit, und würde doch zumindest erklären, warum das da unten alles so lief!

Wenn das da unten nämlich gar nicht die Originale, sondern auch nur auf Ähnlichkeit gestylte Kopien waren, die natürlich in Wirklichkeit nicht mal ansatzweise so kicken konnten wie die Echten. Wobei besonders die Möchtegernversionen von Toski, Inamoto oder auch Chris schon eine regelrechte Beleidigung der Originale waren, denn so schlecht, so saft- und kraft- und ideenlos würden die ja nicht mal an einem besonders miesen Tag spielen!

Jemand neben mir meinte hingegen, das läge am Madrid-Spiel. Alle, ob Fans oder Medienleute, hätten danach gemeint, dass die Eintracht davon was mit in die Bundesliga nehmen sollte. Das hätten die Spieler aber nach dem stolzen 1:1 gegen den Weltclub irgendwie falsch interpretiert! Denn eigentlich hatten ja alle den Spielwitz und das Engagement gegen Real gemeint, während die Jungs aber als einziges von diesem beeindruckenden Donnerstagabend die fatale Selbstüberschätzung mitgebracht hatten. Ich hätte ihm gerne erwidert, dass das ja da unten alles nur ein Fake sei und dass das ja Kopien seien und so. Aber irgendwie ahnte ich, das er mich dann etwas fragen würde, was ich mich im Zusammenhang mit dieser Theorie selbst auch fragte, nämlich: ›Warum?‹ Oder etwas ausführlicher formuliert: ›Warum schickt man zum Saisonauftakt nicht die Mannschaft auf's Feld, auf die wir uns alle seit Wochen so gefreut haben? Die sich in den Testspielen kontinuierlich gesteigert hat und die ja eigentlich eingespielter sein muss als noch vor ein paar Wochen! Und für die sich Hunderte von Fans wochenlang die Mühe gemacht haben, gefühlte 1000 Tonnen Papierschnipsel herzustellen, um diesem Team zum Saisonauftakt so voller Inbrunst zu zeigen, wie sehr sie

Wenn Worte nicht reichen, gibt es ja immer noch die internationale Zeichensprache, mit der hier z.B. Liberopoulos seinen Mitspielern verdeutlicht, was er von ihrer Spielweise hält.

bereit sind, es zu unterstützen! Nein, Tagebuch, das mit den Kopien machte irgendwie keinen Sinn!

Später, auf dem Weg zum Auto, traf ich einen Freund, der zu meiner Überraschung nicht mal ansatzweise so zerknirscht wirkte, wie ich es war. Als ich ihn fragte, warum er nach diesem Spiel so gelassen blieb, schilderte er mir mit wenigen Worten seine Sicht der Dinge. »Du weißt doch Henni, in jeder Saison gibt es ein besonders schlechtes Spiel, so 'ne Art nicht zu toppender Tiefpunkt. So wie das Spiel in Stuttgart letzten Sommer! Und vielleicht haben die sich gedacht: ›Kicke mer gleich am Anfang einmal richtig grottenschlecht, dann habbe mers hinner uns!‹!« »Meinst du?« »Ja logo! Denn wenn die in den nächsten Wochen auch nur annähernd so weiterspielen, sind sie ja ruck, zuck Tabellenletzter und einer der Topabstiegskandidaten. Und das bei dem Spielermaterial! Glaubst du des?« »Nee!«, antwortete ich, und das war ehrlich gemeint! »Siehste! Und jetzt fährste schön heim und entspannst dich ... okay?« »Ich versuch's ... «

Ehrlich gesagt, weiß ich bis heute nicht, ob er das tatsächlich ernst gemeint hat, aber ein netter Versuch mich zu beruhigen, war es allemal!

Auch Gras hat ein eigenes Timing

In Peking enden die Olympischen Spiele mit weiteren außerirdischen Goldläufen des Usain Bolt und zentnerschweren Emotionsausbrüchen von Matthias Steiner, alle Aufmerksamkeit gilt jetzt wieder der Bundesliga, doch auch im zweiten Spiel hält sich die Freude im A.A.A.A.-Bündnis nach dem 1:1 in Köln in Grenzen. Anders als im »Anden-Pakt« ehemals junger und niemals Henni nahestehender Politiker gehören zur A.A.A.A. nur ihm Gleichgesinnte! Und nach dem Stolperstart tröstet man sich hier mit einer ebenso unwiderstehlichen wie unwiderlegbaren hessisch-afrikanischen Philosophie.

Liebes Eintracht-Tagebuch,

wie gut, wenn man Nachbarn hat. Oder, um es genauer zu sagen ... wie gut, wenn man philosophische Nachbarn hat. Wie meiner von gegenüber! Der lehnte nämlich letzten Samstag an einem der Pfosten seines Zauns und starrte bewegungslos in seinen Vorgarten. Als er untypischerweise meinen Gruß nicht erwiderte, wechselte ich vorsichtshalber die Straßenseite, um nachzuschauen, ob alles in Ordnung mit ihm ist. Wie festgefroren stand er da und stierte auf den gleichmäßig getrimmten Zierrasen. Unsicher tippte ich ihm auf die Schulter. »Bruno, alles okay?« Ohne seine Blickrichtung zu ändern, sagte er »Das Gras wächst auch net schneller, wenn man dran zieht!« Ich nickte beeindruckt. »Da ist was dran, Bruno«, erwiderte ich, und dann starrten wir beide eine gute Viertelstunde, und ohne weitere Worte zu wechseln, einfach nur auf das satte Grün. Als ich schließlich ging und kurz drauf wieder vor meiner Haustür stand, rief er mir noch zu: »Des stammt übrigens net von mir, des is en altes, afrikanisches Sprichwort!« »Da hat er mal schön recht, de Afrikaner!«, rief ich zurück. Einig nickten wir uns zu!

Da sage noch einer, Nachbarn sind nur dazu da, dass sie einem den Parkplatz wegnehmen oder einen mit Rasenmähen tyrannisieren. Alles Quatsch! Bruno von gegenüber war nicht nur ausgesprochen nett, er vermittelte mir auch noch, quasi zwischen Tür und Angel, tiefsinnige Lebensweisheiten fremder Kulturen!

Sonntagabend. Einer meiner Freunde vom A.A.A.A.-Bündnis rief an. Das hatten ein paar Kumpels und ich vor vielen Jahren an einem apfelweingeschwängerten Nachmittag in einer Mischung aus Übermut und Überzeugung gegründet.

Es war die Zeit, in der wir uns jeden zweiten Samstag bei einem von uns trafen, um im Kreise Gleichgesinnter einen 10 Liter Bembel zu vernichten und dabei gebannt der Bundesliga-Übertragung im Radio zu lauschen! Und um bei jedem Tor der Eintracht einen Aufstand zu machen, als wäre die Erde soeben gerade in letzter Sekunde noch am armageddonmäßigen Zusammenprall mit einem Mammutmeteoriten vorbeigerauscht. Entschlüsselt heißt A.A.A.A. übrigens »Alles Arschlöcher außer Aahntracht!«, wobei das letzte A zugegebenermaßen etwas an den Haaren herbei gezogen war, aber zum Glück geht im Hessischen ja Einiges …!

Und auch wenn ich mich freute, seine Stimme zu hören, so wusste ich natürlich genau, warum er angerufen hatte, und was er mir gleich sagen würde. Nach all den Jahren, das kannst du mir glauben, Tagebuch, kennt man seine Pappenheimer! Jede Sekunde würde er mir mit jammerndem Ton vorheulen, dass er das Köln-Spiel gesehen hätte, und dass das schon wieder nicht gut gewesen wäre und dass, wenn der Elfer drin gewesen wäre, sie hundertpro verloren hätten! Und dass der Elfer berechtigt gewesen war! Was natürlich stimmte. Wahrscheinlich hatte Patrick Ochs sich gedacht: ›Bevor mich noch mal einer fragt, ob ich neben dem Spielfeld Erdbeeren pflücken wollte, pflüge ich lieber gleich den eigenen Strafraum!‹ Und sicherlich würde er mir auch erzählen, dass sie jetzt in Wolfsburg bestimmt auch nix reißen würden! Und dass der Grieche nach dem Spiel schon wieder so'n beleidigtes Interview gegeben hätte, was natürlich kontraproduktiv sei, weil er das als Kapitän intern machen müsste, nicht öffentlich! Und dass im Moment selbst Funkel nicht wirklich cool wirke. Und zum Schluss würde er mich darauf hinweisen, dass das mit Pech ganz harte Wochen für uns werden können und dass er zur Zeit irgendwie unglaublich enttäuscht sei. Aber da ich ja all diese Gedanken und Empfindungen selbst im Kopf hatte, kam ich ihm einfach zuvor: »Du, ich weiß natürlich, was du mir sagen willst ... musst du aber gar nicht, weiß ich ja alles selbst ...!« Für einen Moment war es still in der Leitung.

»Äh eigentlich kann ich mir nicht vorstellen, dass du das weißt. Zumal du der Erste bist, der es von mir erfährt!« Ich stutzte. »Ach ja?« »Ja! Gesine ist schwanger! Weißt du, wie lange wir darauf gewartet haben? Jahre! Und jetzt ist es passiert. SCHWANGER!!!!« »Das freut mich für euch!«, stammelte ich, »Glückwunsch!« »Mensch, Henni, ich hab schon gedacht, ich werde nie mehr Papa! Weißt du, bei wie vielen Ärzten wir waren? Sogar zu einem Schamanen sind wir gegangen. Und jetzt ist es doch passiert! Weißt du, ich bin ja eigentlich von Haus aus eher der ungeduldige Typ, aber jetzt ist mir klar geworden ... Ungeduld bringt letztendlich gar nichts! Im Nachhinein hab ich sogar das Gefühl, dass das erst geklappt hat, nachdem ich aufgehört habe, meine Frau und mich verrückt zu machen! Verstehst du, was ich meine?« »Logo, du ... das ... das ... ist wie mit dem Gras ... das wächst ja auch nicht schneller wenn man dran zieht ...«

Ich hörte, wie mein Freund tief und ehrfurchtsvoll einatmete. »Wow ... was für ein Satz! Ist der von dir?« »Klar!«, antwortete ich, während ich plötzlich eine Art Ziehen in meiner Nase verspürte. »Du hast es echt drauf, Henni! Und weißt du was ... des sollte man auch mal all denen erzählen, die jetzt schon, nach dem 2.Spieltag, wieder gleich ausflippen vor Pessimismus, nur weil die Eintracht noch nicht so richtig in Schwung gekommen ist! Du weißt ja, wie schnell das hier geht! Ich finde, dein Satz müsste im Stadion auf'm Videowürfel stehen ... ›Das Gras wächst auch nicht schneller wenn man dran zieht!‹ Da würden se gucken, die ganzen

Pech für Köln, Glück für Oka ... aber wie sagt ein altes hessisches Sprichwort so schön: »Pfoste is Pfoste und is net drin«

Motzgesichter! Wahnsinn! Du bist echt en Poet, Henni« »Ei ja, manchmal fällt mir so was einfach ein ...!« Ich lachte künstlich und dämlich zugleich, während ich im Spiegel sah, dass mein Riechorgan mittlerweile auf mehr als die doppelte Länge angewachsen war. »Danke, das ist nett von dir! Also, dann mach's gut, und grüß deine Frau von mir!«

Hastig legte ich auf und spurtete in den Garten, kurz bevor meine Nase die Wand erreicht hatte.

Ja, liebes Tagebuch ... und jetzt sitze ich seit zwei Tagen hier im Garten, schreibe Dir nichts als die Wahrheit, und hoffe, dass sich meine Physiognomie bald wieder so normalisiert hat, dass ich zurück ins Haus kann ... !

Gefoltert wird überall

Trotz des schwachen Starts ist die Eintracht schon deutscher Meister, gekürt von Modedesignern für das schönste Trikot in der Bundesliga. In München bekommt Klinsmann von Rummenigge demonstrativ »Rückendeckung« – nicht nur im Fußball ein merkwürdiger Fachausdruck, dort aber auch bekannt als Anfang vom Ende. Am Ende ist auch Kahn, der pompös verabschiedet wird. Bei beiden Anlässen hört man viele »misshandelte Worte«, wie leider auch Henni vor dem 2:2 in Wolfsburg.

Jetzt sag ich Dir mal was, liebes Eintracht-Tagebuch

»… jeder muss im job permanently seine intangible assets mit high risk neu relaunchen und seine skills so posten, dass die benefits alle ratings sprengen, damit der cash-flow stimmt. Wichtig ist corporate- identity, die mit perfect customizing und eye catchern jedes Jahr upgedatet wird!«

Da staunst Du, gell? Okay, ich geb' es zu, das stammt nicht von mir, und es ist auch zugegebenermaßen nicht mehr ganz neu, aber das ist eigentlich auch egal. Gesagt hat es irgendwann Hilmar Kopper in seiner damaligen Funktion als Vorstandssprecher der Deutschen Bank. Ob er das tatsächlich ernst gemeint hat oder einfach nur komplett bekifft war, ist nicht überliefert. Aber es macht einem deutlich, was man, ungeachtet des geistigen Zustandes, mit Sprache alles anstellen kann. Und vor allem, dass sich Worte nicht wehren können! Es heißt zwar schon immer ›Papier ist geduldig‹ (wenn Du nicken könntest, würdest Du das jetzt vermutlich tun …), aber was sollen da erst die armen gesprochenen Worte sagen. Oftmals ungeachtet ihrer eigentlichen Bedeutung oder Wertigkeit werden sie erst durch viel zu enge Gehirngänge gequetscht, dann gewaltsam in Richtung Stimmbänder geschoben, um letztendlich durch den Mund nach draußen zu gelangen, ob sie das nun wollen oder nicht. Wir reden immer gerne vom Wohlklang der Sprache, von Poesie und klugen Formulierungen. Aber wer macht sich Gedanken um all die misshandelten Worte, die gnadenlos aus den Mündern irgendwelcher mitteilungsbedürftiger Halbhirne gespuckt werden? Ich glaube, wenn Wörter Mägen hätten, viele würden sich aus Scham über den Umgang mit ihnen übergeben. Betrachtet man es genau, sind Leute, die viel und laut hohles Zeug von sich geben, eigentlich so was wie die Folterknechte unserer Sprache, sind die Lothar Matthäuse dieser Welt die personifizierten Guantanamos unserer Wörter. Wobei man dazu anmerken muss, dass ja nicht die Wortakrobaten selbst in erster Linie dafür verantwortlich dafür sind, sondern diejenigen Fernsehsender und Zeitungen, die ihnen das nötige Forum bieten!

Aber gefoltert wird ja bekanntlich nicht nur da, wo es alle mitbekommen, sondern vor allem auch auf unzähligen Nebenkriegsplätzen. Erst letzte Woche z.B. wurde ich selbst Opfer einer schlimmen Laberattacke. Und ohne die geringste Chance auf Flucht. Ich stand vor einer Autowaschanlage, die gerade angefangen hatte, meinen Wagen schwamm-, schaum- und lappentechnisch zu bearbeiten, als plötzlich der Fahrer des nächsten Fahrzeugs ausstieg, mich kurz fixierte, auf mich loslief und mich dann so was von gnadenlos in den verbalen Würgegriff nahm, dass mir schwindelig wurde. »Du bist doch dieser Typ da, dieser Henning Nachtweih … der von dem Badewassertrio, gell? Und du schreibst doch auch so Texte in der Zeitung über die Eintracht. Hier, jetzt sag ich dir ma was … die steische ab dies Jahr! Und zwar sang- und klanglos! So wie die die erste beide Spiele gekickt habbe, so bleibt des nämlich bis zum Saisonende. Keine drei Woche mehr, dann schicke se den Funkel in die Wüste … und zwar zu recht … weil er nämlich sein Pulver komplett verschosse hat! Der erreicht die Spieler doch gar net mehr … Weißte, wen diese Mannschaft jetzt braucht, mal abgesehe, davon dass sie hoffnungslos überaltert ist? So jemanden wie de Rolf Schafstall oder de Peter Neururer … des sind noch Trainer! Und de Bruchhagen könne se gleich mitfeuern, der hat eh kei Ahnung. Kennste den Walter Hackbach? Dem gehört diese Spiralfederfabrik in Gelnhausen! Des wär der Richtische für die Eintracht, der würdse nach obbe führn, des glaubste aber … ! Naja, jetzt am Samstag in Wolfsburg krieje se sowieso sechs Dinger, und dann dauert des eh net mehr lang … !« Ich bin ganz ehrlich, Tagebuch … noch nie ist mir die Premiumwäsche meines Autos so schmerzhaft lange vorgekommen, und selten hatte ich spontan so schlimme Gewaltfantasien wie in diesen Minuten! Zum Beispiel den Primaten neben mir genau dann in die Anlage zu schubsen, wenn die Heißwachsveredlung startet!

Aber mittlerweile liegt das alles sieben Tage zurück, und ich habe mich doch schneller davon erholt, als ich das selbst erst geglaubt hätte. Ja, und nachdem die Eintracht ihr erstes ziemlich gutes Saisonspiel abgeliefert und bei einem der häufig genannten Mitanwärter auf den Titel einen wertvollen Punkt geholt hat, dazu auch noch Chris aus seinem neben ihm schwebenden Astralleib wieder zurück in seinen eigenen, realen Körper zurück gefunden hat, habe ich mich sogar dabei ertappt, erneut zur Waschanlage fahren zu wollen. Um meinen Peiniger aufzusuchen und um ihm einfach mal besserwisserisch in die Augen zu schauen. Hab ich aber dann doch nicht gemacht, denn es würde nichts bringen. Dummfolterer bleiben nun mal Dummfolterer, und sie werden uns auch in Zukunft ab und zu in einem blöden Moment irgendwo erwischen und quälen. Das war schon immer so, und das wird auch so bleiben, egal ob es dabei um Fußball, Musik, Politik oder sonst was geht. Aber solange man das aufgrund seiner inneren Stärke aushält, und solange sie einen mit ihrem Anti-IQ-Virus nicht infizieren, wird die Menschheit sie überleben!

Und wir Eintracht-Fans erst recht!

Guantanamo ist überall!

Madonna ist dran schuld!

Das Heimspiel gegen den KSC wird abgesagt, weil Popstar Madonnas Auftritt allzu bleibende Eindrücke im Stadionrasen hinterlassen hat.
Aber nicht nur daran ist Madonna schuld …

Heute, liebes Eintracht-Tagebuch,

fuhren zwei Jungen auf ihren Rädern genau in dem Moment an mir vorbei, als ich gerade in mein Auto steigen wollte. Und exakt als sie auf meiner Höhe waren, hörte ich diesen Satz: »Die Madonna ist dran schuld!« »Meinste echt?«, hörte ich den anderen, schon wieder ein paar Meter weiter entfernt, und dementsprechend leiser werdend, fragen. »Wenn ich Dir's sag … die Madonna ist dran schuld!« Dann waren sie auch schon endgültig aus meinem Sicht- und Hörfeld verschwunden. Im Auto schalte ich das Radio an, in dem eine sonore weibliche Stimme gerade erklärte: » … man kann also durchaus zusammenfassend sagen … Madonna ist dran schuld! Zurück ins Studio!« Kurz darauf, beim Bezahlen an der Kasse der Tankstelle dann dieser Dialog zwischen dem Tankwart und dem Kunden vor mir: »Wieso is'n des eigentlich ausgefalle des Spiel?« »De Rasen war im Eimer!« »Was? Wie geht'n sowas?« »Ei, die Madonna ist schuld!« »Ach so … verstehe …« Damit war die Sache geklärt. Spätestens jetzt hatte ich es begriffen. Nicht der DFB, nicht der im Vorfeld ignorante und leicht selbstgefällige Holger Hieronymus oder der Stadionbetreiber waren dafür verantwortlich zu machen, dass das Spiel gegen den KSC hatte abgesagt werden müssen. Und das, obwohl wir es nach dem eher mäßigen Bundesligastart der Eintracht so sehnlich erwartet hatten! Auch nicht die Techniker oder Roadies oder irgendwelche Rasenspezialisten waren dran schuld, dass sich das Spielfeld in eine Art Anschauungsobjekt für Bodenkunde verwandelt hatte, bei dem sich wissbegierige Schüler durchaus ein Bild von den verschiedenen Erdschichten hätten machen können ... Nein, der eigentliche Sündenbock hieß Madonna! »Das ist ja ‘ne geile Erklärung!«, hörte ich mich sagen und vergaß vor lauter Begeisterung, dass es innerhalb geschlossener Ortschaften so etwas wie Geschwindigkeitsbegrenzung gibt. Deshalb stand auch keine zwei Minuten später ein offensichtlich sehr aufgeregter Polizist mit gezogener Pistole neben meinem offenen Seitenfenster. »Können Sie mir mal erklären, warum Sie hier rasen wie ein Henker? Das ist eine verkehrsberuhigte Zone, und Sie sind über 120 gefahren!« »Es tut mir leid, Herr Wachtmeister, aber ich kann gar nix dafür ...«, antwortete ich, fieberhaft nach einer plausiblen Erklärung suchend. Dann sagte ich tatsächlich »... Madonna ist dran schuld!« Für einen kurzen Moment fixierte mich sein prüfender Blick wie einen Irren ... doch plötzlich verwandelte sich die strenge Miene in eine verständnisvolle, der wiederum ein wissendes Nicken folgte! »Alles klar, Sie können weiterfahren!« Ich konnte es kaum fassen! Wow, wenn das hier so funktionierte, dann müsste das doch überall gehen. Also beschloss ich, es sofort noch mal auszuprobieren. Ich stieg aus und ging schnurstracks in den Schuhladen, der sich zufällig auf der anderen Straßenseite befand. Kaum hatte ich ihn betreten, schmiss ich ein paar Regale mit Schuhen um und wartete, bis der Chef auftauchte. »Was machen Sie denn da, sind Sie verrückt geworden?« »Nein, überhaupt nicht ... Madonna ist dran schuld!« Innerhalb einer Zehntelsekunde verwandelte sich seine Wut in Sympathie.

»Das ist natürlich was anderes ... lassen Sie ruhig, ich heb’ das alles selber auf ... Hier, und nehmen Sie bitte diesen Schuhlöffel mit, den schenk’ ich Ihnen!« Ich lief weiter, stürmte in einen Friseursalon, entriss dem Figaro die Schere und schnitt dem fassungslosen Kunden im Handumdrehen ein großes »M« in seine akkuraten Locken. Diesmal wartete ich gar nicht ab, bis jemand etwas sagen konnte. Entschlossen schnappte ich mir einen dieser Friseurumhänge, warf ihn mir über die Schulter wie Zorro in seinen besten Zeiten und rief «Madonna ist schuld!« Noch beim

Rausgehen hörte ich den Kunden zum Friseur sagen: »Alles kein Problem … lassen Sie das einfach so, sieht gar nicht so schlecht aus …« Ob im Fitnessstudio, wo ich einem Muskelpaket kurzerhand das Trainingsgewicht um das Doppelte erhöht hatte und er daraufhin durch den Raum schoss wie ein orientierungsloser Feuerwerkskörper, ob beim Italiener, wo ich den Kellner im Biergarten samt voller Tabletts kurzerhand in den künstlich angelegten Karpfenteich schubste, oder beim Kindererschrecken im Kindergarten, überall das Gleiche. Jeder Ansatz von Protest verschwand und verwandelte sich, sobald ich meinen Zaubersatz aufgesagt hatte, in sanftes, solidarisches Verständnis. »Jetzt will ich's wissen!«, hörte ich mich keuchen, und schon betrat ich eine Bank. Bewaffnet mit besagtem Schuhlöffel, über den ich einfach das Friseurtuch gehängt hatte. »Überfall!«, rief ich, was eine doch recht beachtliche Reaktion bei Kunden und Personal auslöste. Nur einen im Schalterraum schien ich nicht beeindruckt zu haben. »Warum machen Sie denn so einen Quatsch?«, hörte ich eine männliche Stimme hinter

Da nützt auch kein Abfallaufpicken mehr! Der Rasen ist erstmal dahin und sieht aus wie ein Nicki-Pullover, den man versehentlich bei 80 Grad gewaschen hat.

mir fragen. »Madonna ist dran schuld!«, entgegnete ich, wohl wissend um die Wirkung dieses Satzes. »Ach ja? Wieso das denn?« Empört drehte ich mich um, um meinem Widersacher ins Gesicht zu schauen. Ich zuckte zusammen.

»Verdammt!«, dachte ich, »ausgerechnet der …!« »Nun erklären Sie das schon … warum ist Madonna daran schuld, dass Sie hier so'n Theater veranstalten?« »Weil … weil … sie an allem schuld ist …« »Ach so, Sie sagen das wegen der Spielabsage, stimmt's? Mein lieber Herr Nachtsheim, daran ist aber nicht die Frau Madonna schuld, sondern all diejenigen, die in so einem einfachen Fall nicht schon vorher eins und eins zusammengezählt haben. Obwohl das ja eigentlich wesentlicher Bestandteil ihres Jobs ist. So, und jetzt nehmen wir mal dieses alberne Tuch vom Schuhlöffel und stecken beides schnell weg. Da Sie ja hauptberuflich als Komiker arbeiten, wird Ihnen das hier auch jeder gerne als kleinen, wenn auch unüberlegten Spaß nachsehen! Also gehen Sie einfach ruck, zuck nach Hause, und alle vergessen das sofort wieder, in Ordnung?« Das kollektive Nicken der Kunden und Bankangestellten zeigte mir, dass er recht hatte. Kleinlaut machte ich, was er mir gesagt hatte, und schlich mich devot aus dem Gebäude … um mich kurz vorm Ausgang noch mal ein letztes Mal zu ihm umzudrehen.

Tagebuch, kannst Du mir erklären, warum Heribert Bruchhagen ausgerechnet in diesem Moment hier in der Bank war?

Wieso saß er nicht an seinem Schreibtisch in der Geschäftstelle der Eintracht oder war sonstwo …? Ich fand keine Antwort darauf, vielleicht war alles ja auch nur Zufall. Ich beschloss jedenfalls, den Madonna-Satz nicht länger strapazieren zu wollen. Hatte zwar als Ausrede kurz mal ganz gut funktioniert, war aber am Ende doch 'ne Spur zu einfach …

Kein Rekord, den man nicht brechen kann

Harte Zeiten für Eintracht-Fans: Die Saison fing schlecht an und geht schlecht weiter: Pokal-Blamage gegen Rostock, auf eigenem Platz auch noch, und ein 0:1 auf Schalke, wobei Patrick Ochs der Eintracht mit ihrem 43. Eigentor einen Bundesliga-Rekord beschert, auf den alle Frankfurter gerne verzichtet hätten. Er reiht sich würdig ein in andere befremdliche Höchstleistungen, von denen wir in Hennis Tagebuch staunend lesen.

Weißt Du, liebes Eintracht-Tagebuch,

was ich mich manchmal frage? Wenn es irgendwo im weiten Universum tatsächlich intelligentes Leben gäbe, womöglich deutlich intelligenter als auf unserem Planeten, was würden die dort, wenn sie uns denn beobachten oder gar studieren könnten, über uns denken? Was fänden sie beeindruckend und was völlig daneben? Wie würden sie zum Beispiel dieses unendliche Streben der Menschen nach Steigerungen empfinden? Dieses ewige »höher, schneller, weiter« ... als gäbe es nix anderes. Was würden sie empfinden, wenn sie uns bei Olympischen Spielen oder einer Fußball-WM zuschauen würden? Oder bei Radrennen, bei denen fast alle irgendwelche chemischen Leckerlies intus haben, um als erster ins Ziel zu kommen, und dabei auch noch beklopptерweise wirklich glauben, dass ausgerechnet sie dabei nicht erwischt werden!

Und was erst würden Außerirdische empfinden, wenn sie mitbekämen, was es auch außerhalb des populären Sports für ein skurriles Streben nach Rekorden gibt? So wie z. B. diese Geschichte eines Amerikaners namens Jackie Bibby, der am 19. Mai 2001 acht lebende Klapperschlangen am Schwanz 12,5 Sekunden lang ohne fremde Hilfe in seinem Mund behielt und deswegen jetzt in dieser Sparte Weltrekordhalter ist. Das ist doch der Hammer! Wenn ich mir überle-

Auch wenn Jackie Chan seine Freude an dieser Einlage gehabt hätte …

ge, dass ich schon meine Probleme habe, wenn ich mir einen kompletten Handkäs' in den Mund stopfe! Und der zuckt da nicht mal! Oder nehmen wir Arulanantham Suresh aus Australien, der vom 22. bis 25. Mai 1997 im Uihara-Maha-Devi-Freiluftstadion in der Rekordzeit von 76 Stunden 40 Minuten auf einem Fuß balancierte. Mein Hausarzt würde mir was erzählen, wenn ich das auch nur eine Viertelstunde versuchen würde! Ebenfalls beeindruckend der erstaunliche Appetit des Engländers Ken Edwards, der am 5. März 2001 live vor laufenden Kameras in einer Minute 36 Küchenschaben aß.

Und auch wir Deutschen haben stolze Leistungen zu präsentieren! So hat z. B. Birgit Berends aus Cuxhaven mit 2.520 Exponaten die größte Pinguinsammlung … wer kann das schon von sich behaupten?

Und weil Rekorde irgendwie immer in und von Natur aus etwas ganz Besonderes sind, hat sich jetzt auch unsere Eintracht mal einen gesichert. Patrick Ochs hat nämlich auf Schalke das 43. Frankfurter Eigentor in der Bundesliga-

Geschichte geschrieben, und das kann sonst kein anderer Verein aufweisen! Es soll übrigens auch Leute geben, die den Platzverweis von Chris gerne zum »unnötigsten« des Jahres hätten krönen lassen, aber auch wenn sein Ellbogencheck nicht gerade das Ergebnis einer betont ausgereiften Überlegung war, so gab es dennoch durchaus noch dümmer erbettelte rote Karten in den letzten Wochen.

Einen weiteren Rekord wie z. B. »schlechteste Hinrunde der Vereinsgeschichte« wird uns die Eintracht aber ersparen, soviel Vertrauen habe ich ganz sicher in die Mannschaft und auch in ihren Trainer! Klar ist der Blick auf die Tabelle derzeit nicht gerade das, was einen dazu veranlassen könnte, sein Haus rot-schwarz anzustreichen, und sicherlich kratzt die Eintracht-Bettwäsche momentan ein bisschen beim Einschlafen. Aber solange wir das Ergebnis des ausge-

… und selbst wenn man den Ball fixiert, wie es doller nicht mehr geht …

fallenen Spiels gegen den KSC nicht kennen, ist es mit besagter Tabelle in etwa so, wie wenn ich als Kind Häuser ohne Fenster, Hunde mit drei Beinen oder meine Oma ohne Kopf gemalt habe … sie ist einfach nicht komplett und entspricht deswegen (hoffentlich) nicht den Tatsachen. Aber auch ohne das noch offene Match könnten wir am Sonntag kollektiv erleichtert werden, nämlich wenn die Eintracht Arminia Bielefeld einfach mal souverän, am Besten zu null, schlägt. Das würde zwar bedeuten, dass Artur Wichniarek seiner Mutter im Himmel ausnahmsweise mal kein Tor widmen könnte, aber da ihr Sohn sie ja in den letzten Wochen damit durchaus ausreichend versorgt hat, würde sie ihm das bestimmt milde nachsehen. Ich jedenfalls würde mich ziemlich doll über einen Sieg freuen. Ja, ich würde dermaßen ausrasten, dass das alle Gefühlsausbrüche dieser Welt locker verblassen lassen würde. Und selbst wenn dann irgendwelche Außerirdischen fassungslos den Kopf schütteln, weil ich gerade den Rekord im Ausflippen eingestellt habe … es wäre mir egal! Mag ja sein, dass man auf fremden Planeten mehr weiß als auf unserem. Aber wie es ist, Eintracht-Fan zu sein … das, liebes Tagebuch, wissen nur wir!

… gibt es Tage, an denen das alles nix nutzt … .

Der Unterschied zwischen Mr. Evans und uns

Wenn dicke Luft herrscht, wird sie zu dünn für den Trainer. Kein Paradoxon der Chemie, sondern oft ein Zeichen dafür, dass »die Chemie nicht stimmt«, wie das Fußball-Phrasenschwein zu grunzen pflegt. Bayern München versackt im Mittelfeld, die Eintracht nach dem 1:1 gegen Bielefeld am Tabellenende, Klinsmann interessiert uns nicht, aber die »Funkel raus«-Rufe nerven Henni.

Manchmal, liebes Eintracht-Tagebuch,

ereignen sich Dinge, die glaubt man gar nicht. In Boulder im US-Bundesstaat Colorado zum Beispiel ist ein Mann an einem einzigen Tag zweimal überfahren worden. Erst wurde er von einem Auto erfasst, wobei der Fahrer des Pkw aber darauf verzichtete, ihm zu helfen, und stattdessen Fahrerflucht beging. Evans, so hieß der Mann, machte sich daraufhin auf eigene Faust auf den Weg in eine Krankenhausambulanz. Und nachdem er diese einige Stunden später wieder verlassen hatte, nahm er eine Abkürzung über eine Bahnbrücke – und wurde dort von einem vorbeifahrenden Zug erwischt und in ein Bachbett geschleudert. Wie durch ein Wunder trug Evans auch beim zweiten Unfall nur leichte Verletzungen davon, woraufhin ihn amerikanische Zeitungen zum »Glückspilz der Woche« ernannten und er zudem Glückwünsche aus allen Teilen des Landes bekam!

Und so ein bisschen kann man diese Eintracht-Woche durchaus mit der Geschichte des Amerikaners vergleichen.

Denn auch wenn Benjamin Köhler kurz vor Schluss noch das 1:1 gemacht und unsere »total miese Stimmung« zumindest erst einmal in eine »einigermaßen miese Stimmung« umgewandelt hat … das Gefühl, diese Woche in Pokal und Liga gleich zweimal unter die Räder gekommen zu sein, bleibt.

Wobei es natürlich ein paar feine Unterschiede zu Mr. Evans gibt. Die deutschen Zeitungen werden die Eintracht nicht unbedingt zum »Glückspilz«, sondern eher zum »Loser der Woche« ernennen. Und statt Glückwünsche bekommen wir, nach langer Zeit mal wieder, jede Menge Schmährufe und Spott, und was manchen Leuten noch alles so einfällt, wenn jemand ungeschickt ausrutscht und dann vor ihnen am Boden liegt.

Warum wir da liegen, kann ich trotz der vielen Diagnosen und Expertenmeinungen um mich herum nicht wirklich sagen.

Verunsicherung beschreibt sicherlich am Besten den derzeitigen Gesamtzustand, aber Verunsicherung ist ja nicht der auslösende Ursprung, sondern ein Zustand, der ja selber durch irgendwas ausgelöst wurde. Aber durch was?

Klar, der traditionelle Lieblingsgrund bei Vereinskrisen ist immer der Trainer. Dann heißt es immer gerne schnell, er erreiche die Mannschaft nicht mehr, dann spricht man von Kommunikationsproblemen usw. Aber mal ganz ehrlich, Tagebuch ... wenn Spieler so kicken wie das Gros der Frankfurter gegen wirklich biedere Bielefelder, dann ist es doch eher so, dass die Spieler Kommunikationsprobleme in sich selber haben! Dass ihr Hirn z. B. nicht mehr ihre Füße erreicht oder dass sie ihren Willen oder bestimmte Charakterstärken nicht abrufen können. Wenn gegen Rostock ein Spieler seinem Kollegen in aussichtsreicher Position den Ball abnimmt und so eine Großchance in ein besonders dummes Abseits verwandelt, wenn eine Abwehr ein paar Mal dermaßen in eine Art kollektiven hypnotischen Zustand verfällt wie am Samstag in der 1. Halbzeit, wenn Spieler gleich mehrmals hintereinander Eckbälle nicht mal mehr bis in den Strafraum bekommen, als hätten sie Unterschenkelosteoporose, ist das irgendwo zwischen Konzentrationsmangel und derzeitiger Unfähigkeit anzusiedeln, hat aber meiner Meinung nach mit dem Trainer wirklich nichts zu tun. Ich glaube überhaupt, dass man diesbezüglich den Einfluss unserer Fußballlehrer überschätzt.

Es mag sein, dass Funkel derzeit viele mit bestimmten Sprüchen und einer mitunter nicht nachvollziehbaren Schönfärberei nervt, aber gerade das macht er ja, weil er

Es ist ein bisschen wie beim Gruppensex … welcher Kopf zu welchem Körper gehört, ist beim Jubeln eigentlich vollkommen egal!

sich wie immer vor seine Mannschaft stellt … und statt das zurückzuzahlen, kicken die meisten, als hätten sie Demenz im Frühstadium und deshalb vergessen, wie man in der Bundesliga spielt. Und dass er Caio immer noch nicht von Anfang an bringt, hat nichts damit zu tun, dass er ihn nicht mag oder uns ärgern will, sondern, dass der einfach immer noch nicht da ist, wo wir ihn gerne alle hätten. Caio ist sicherlich talentiert, vielleicht sogar hoch talentiert, aber selbst wenn wir ihm »Diego«, »Emerson« oder von mir aus auch »Pele« auf sein Trikot sticken … er ist noch lange keiner von denen! Natürlich sehnen wir uns in fiesen Zeiten wie diesen nach einem Eintracht-Moses, der mit seinem Zauberstab mal eben locker das Bundesligameer teilt, um uns unbeschadet durch die Saison zu führen … aber dazu ist der Brasilianer noch viel zu unreif. Sollte Funkel u. a. an dieser Personalie scheitern, wäre das nicht nur unglaublich tragisch … es wäre zugleich unglaublich albern und absurd!

Patrick Ochs, auch noch nicht in der Form seines Lebens, aber wenigstens mit Biss, hat es vor dem Spiel gesagt, nämlich dass der Trainer hier eine Menge aufgebaut hat und dass man das gerade in einer Krise nicht vergessen darf.

Womit er definitiv recht hat! Ebenfalls etwas Kluges stammt, wenn auch schon länger her, vom immer wieder mal gerne zitierten Konfuzius, nämlich »Aus den Trümmern unserer Verzweiflung bauen wir unseren Charakter!«

Das ist nicht nur ein schöner Satz, er könnte für alle Beteiligten und auch für uns Eintracht-Fans eigentlich auch ein prima Motto für die nächsten Wochen sein! Aber da der Hesse gerade in Krisensituationen gerne mal nicht so genau hinhört und weil ihm asiatische Weisheiten schon von Haus aus eher am Arsch vorbei gehen, wird es Friedhelm Funkel vermutlich nichts nutzen, dass er hier viel für die Eintracht geleistet hat. Vielleicht geben sie ihm noch ein paar Wochen, vielleicht noch die Spiele gegen Hoffenheim oder Leverkusen. Wenn sich da aber nichts Entscheidendes tut und die Pfiffe und »Funkel raus!«-Rufe, die ich persönlich am Samstag einfach nur als traurig empfand, noch lauter werden, wird es selbst für einen loyalen Heribert Bruchhagen und auch die anderen im Vorstand schwierig, an ihm festzuhalten. Denn auch wenn Trainerwechsel während einer Saison, statistisch betrachtet, in der Mehrzahl gar nichts gebracht haben, sind sie nun mal nach wie vor das populärste unter den Placebos! Es beruhigt zumindest kurzfristig die kochende Fanseele und ist nun mal unterm Strich preiswerter, als Spieler zu entlassen oder neue zu kaufen. Mich persönlich würde es allerdings nicht beruhigen, ich persönlich empfände es vor allem als ein unschönes Ende einer insgesamt ausgesprochen guten Zeit! Und weil ich das nicht will und weil ich auch das Gefühl nicht loswerde, dass das ein großer Fehler sein könnte, möchte ich an dieser Stelle noch eine dritte Person zitieren, nämlich die hier schon einmal erwähnte Oma eines Freundes, die ihren Mann zum Besorgen eines Weihnachtsbaums seinerzeit mit folgenden Worten in den Wald schickte: »Die Laubsäsch kannste beim Baumfälle vergesse … was du da drauße im Wald brauchst, sind zwei Sache Walter … ‘ne Axt und en starke Wille, dann klappt des schon!«

Farbe im Gesicht

Nach dem 1:2 in Hoffenheim wartet die Eintracht weiter auf den ersten Sieg, aber Henni panikt nicht, sondern sieht einen Hoffnungsschimmer – in der Gestalt eines kleinen, blassen Jungen.

Weißt Du was komisch ist, liebes Eintracht-Tagebuch?

Dass ich mich trotz meines eher bescheidenen Personengedächtnisses manchmal an Menschen erinnern kann, die ich nur einmal in meinem Leben gesehen habe, und das auch noch vor Jahrzehnten! Zum Beispiel an diesen Jungen. Er war blass, hatte Sommersprossen, rötliche Haare, eine kleine runde Brille und war schätzungsweise acht. Er und seine Großeltern waren in die Ferienwohnung direkt neben der unseren einquartiert, in der meine Mutter, mein Bruder und ich für zwei Wochen gemeinsam Urlaub machten. Ich weiß noch, dass ich gerade auf's Meer glotzte und darüber nachdachte, ob Quallen so was wie feste Arbeitszeiten oder doch eher Gleitzeit haben …, als der Junge auf einmal auf dem Nachbarbalkon auftauchte. Aufgeregt rannte er zum Balkongeländer, schloss die Augen, um dann seinen Kopf nach vorne zu strecken! Nach zehn Sekunden rannte er zurück in die Wohnung, um seinen Opa lauthals zu fragen: »Guck ma, bin ich schon braun?« »Natürlich net«, hörte ich den alten Mann antworten, »wie soll'n des so schnell auch gehe?« Daraufhin rannte er erneut nach draußen, verharrte noch mal zehn Sekunden und rannte wieder rein. »Und jetzt?« »Willische, erstens ma geht des net so schnell, zweitens ma isses grad gar net sonnisch genug … und außerdem wern Rothaarische sowieso net werklisch braun!« Woraufhin der Junge sich ein drittes Mal auf den Balkon stellte, ungeduldig den Himmel anstarrte, um schon bei nur der

Andeutung eines Sonnenstrahles sein Gesicht darin zu baden. Und während er da so stand, murmelte er fast schon flehentlich »Lieber Gott, mach schon, ich will nicht mehr so blass sein, weil die anderen mich immer deswegen aufziehen!«

Ja, so sind sie in Hoffenheim: Kaum bestimmt der Gegner das Spiel … schon irritiert man ihn, indem man weitere Bälle in den Vereinsfarben aufs Feld mogelt! Und schon kann sich Martin Fenin nicht mehr entscheiden, mit welchem Bein er eigentlich schießen will, und ob er nicht doch den blauen Ball hinter sich nehmen soll …

In diesen Tagen geht es mir als Eintracht-Fan ähnlich wie dem Bub damals, nur das ich nicht auf Sonnenstrahlen warte, sondern auf den ersten Eintracht-Sieg oder zumindest auf das erste wirkliche Erfolgserlebnis.

Aber genauso wie der Knirps sich seinerzeit einfach in Geduld üben musste, muss ich das dieser Tage wohl auch tun.

Geduld haben und darauf warten, dass die Eintrachtspieler zurückfinden zu ihren spielerischen Möglichkeiten, zurückfinden zu dem Selbstbewusstsein, das sie ein Großteil der letzten Saison ausgezeichnet hat. Dass es in Hoffenheim wieder nicht geklappt hat, ist zwar jammerschade, zumal ein Punkt mit ein bisschen Glück drin war. Aber die Mannschaft hat sich zumindest der fiesen Situation, in der sie sich befindet, gestellt, und das empfand ich schon mal als das, was man gerne »einen Ansatz« nennt. Und auch wie sie taktisch eingestellt war, wie sie das größtenteils umsetzen konnte, und dass ihre Körpersprache eine andere als etwa gegen Bielefeld war, würde ich dem Kapitel »kleine, aber erkennbare Weiterentwicklung« zuordnen.

Also habe ich beschlossen, weiter ruhig zu bleiben, nicht in Panik zu verfallen, sondern darauf zu vertrauen, dass wir schon in absehbarer Zeit wieder bessere Spiele mit zählbaren Ergebnissen sehen werden. Das mag nach Durchhalteparole klingen, ist aber wirklich so gemeint. Ich glaube, wir sind jetzt mehr gefragt, als wir das selber für möglich halten, und so wie die Eintracht-Fans sich am Samstag präsentiert haben (von diesen unsäglich dummen Anti-Hopp-Parolenrufern mal abgesehen), scheint das einem Großteil dieser genau wie mir auch immer bewusster zu werden! Die Mannschaft braucht die nächsten Wochen nicht unsere Pfiffe oder sonstige Unmutsbekundungen, sie braucht das Gefühl, dass wir das mit ihnen zusammen aushalten und dass wir an sie glauben.

Das mag furchtbar naiv klingen, aber wenn man so lange zu diesem Verein geht, wie ich das jetzt tue, dann hat man auch eine gewisse Erfahrung mit solchen Situationen.

Was wir zur Zeit jedenfalls absolut nicht gebrauchen können, ist das, was eine große Frankfurter Zeitung vor ein paar Tagen gemacht hat, nämlich zu versuchen, per Interview den Trainer Hans Meier ins Spiel zu bringen. Das war nicht nur im hohen Maße selbstherrlich, es war schlicht und einfach schäbig. Und auch wenn ich nicht zur Gemeinde der »Meierfans« gehöre, muss ich dennoch sagen, dass ich die Deutlichkeit, mit der er diesem so furchtbar durchschaubaren Versuch eine klare Absage erteilt hat, großartig fand! Genauso, wie er seine Solidarität zum Kollegen Funkel mehr als deutlich gemacht hat!

Weißt Du, ich will mich hier gar nicht als der unbeugsame »Funkeljünger« verewigen, und natürlich kann es einen Zeitpunkt geben, an dem irgendwas Einschneidendes passieren muss. Aber dann muss es aus der Eintracht selbst heraus passieren, dann müssen die Leute, die wirklich nah dran sind an der Mannschaft, irgendeine Zäsur machen. Ja, vielleicht kommt es sogar zu dem Moment, an dem Friedhelm Funkel von sich aus zu Heribert Bruchhagen geht und ihm erklärt, dass es, warum auch immer, nicht mehr geht. Linke, hinterfotzige Schüsse aus dem Hinterhalt aber hat in Frankfurt keiner verdient. Ganz abgesehen davon, dass wir das auch schon zu oft erlebt haben und dass es nie etwas gebracht hat!

Mehr, liebes Tagebuch, fällt mir momentan in dieser, zugegeben blöden, Zeit nicht ein … außer, dass der Junge am Ende der Ferien mit reichlich Farbe im Gesicht und sichtlich zufrieden nach Hause gefahren ist! Gut, es war jetzt kein Braun im klassischen Sinne … eher ein gepflegtes Feuerwehrrot … aber ihm war es egal. Farbe ist Farbe!

Der Glaubenskrieg

Länderspielpause in der Fußball-Bundesliga. Ein Jahr vor der Tragödie, die Deutschland erschüttern wird, bricht sich Robert Enke die Hand, René Adler steht im WM-Qualifikationsspiel gegen Russland im Tor und hält beim 2:1-Sieg ausgezeichnet. Kevin Kuranyi hält es dagegen zur Halbzeit auf der Tribüne nicht aus, er flieht, woraufhin Löw die Nationalspieler-Karriere des Schalkers beendet. Im Frankfurter Glaubenskrieg um Funkel ist kein Ende abzusehen. Immer weniger Fans tragen den hellblauen Solidaritätsanzug …

Heute, liebes Eintracht-Tagebuch,

möchte ich Dir eine Begebenheit aus meiner Schulzeit erzählen. Wir hatten seinerzeit in der 7. Klasse ein Zwillingsbruderpaar. Die beiden waren eher unauffällige Typen, zurückhaltend, mitunter schüchtern … und das halt doppelt. Bis sie sich eines Tages, völlig unerwartet, prügelten! Ausgerechnet die zwei! Und da sie sich wirklich zum Verwechseln ähnlich sahen, konnte irgendwann keiner mehr auf dem Schulhof erkennen, wer von den beiden wer war. Dann kam die Pausenaufsicht, schnappte sich beide und führte sie grob in Richtung Schulgebäude. Auslöser ihrer Auseinandersetzung, so stellte sich später raus, waren die Muster ihrer Pullover! Denn der eine bevorzugte quer gestreifte, der andere wiederum längs gestreifte! Weil ihre Eltern aber unbedingt auf diesen putzigen »Zwillinge tragen immer Dasselbe«-Effekt bestanden, versuchten die beiden halt ihren jeweiligen Geschmack im wahrsten Sinne des Wortes durchzuboxen!

Als ich später zu Hause meinen großen Bruder fragte, was er davon halte, antwortete er: »Ist ja im Prinzip so ‘ne Art ›Glaubenskrieg‹ … und da kannste eh nix mache. Das gibt’s schon immer …!« Womit er recht hatte! Denn Fakt ist, dass

Optische Täuschung oder schneit's tatsächlich? Wie auch immer, um Friedhelm Funkel wird es sicht- und hörbar kühler …

sich Menschen schon seit jeher wegen unterschiedlicher Auffassungen ordentlich die Birne einkloppen! Und keine Glaubensgruppierung, die nicht mal in so etwas verwickelt gewesen wäre! Die einzigen, die sich von sich aus nie gerne an solchen Geschichten beteiligt haben, sind die Buddhisten oder die dem Buddhismus nahestehenden Religionsträger, weil sie ja immer davon ausgehen müssen, dass das Gegenüber im früheren Leben womöglich ihr Ururonkel gewesen sein oder der Stock in ihrer Hand von einem Baum stammen könnte, mit dem sie indirekt verwandt sind.

Ansonsten jede Menge Glaubenskriege in jedem Jahrhundert, damals wie heute. Viele besonders schlimm und blutig, manche zum Glück auch mal eher harmlos.

Der, der gerade Hessen in zwei Lager spaltet, gehört in der Relation z. B. zum Israel-Palästina-Konflikt zur zweiten, also nicht so schlimmen Sorte. Denn auch wenn er hier alle gerade heftig beschäftigt, so wird er doch überwiegend verbal ausgetragen. Sie wissen, was ich meine, oder? Richtig, der Glaubenskrieg zwischen »Anti-Funkelisten« und »Pro-Funkelisten«. Keine Ecke, wo er sich nicht bemerkbar macht! Kneipen, Tankstellen, Kioske, Büros, Bushaltestellen, er tobt überall. Und glauben Sie mir, ich weiß, von was ich spreche! Denn da ich in den letzten Jahren fast immer zum Frankfurter Trainer gehalten habe, und das auch jetzt noch tue, mache ich mich zusehends unbeliebter. In Fanforen zerbrechen sich ein paar besonders Raffinierte bereits den Kopf darüber, ob ich dafür von irgendwem bezahlt werde! Gut, das mag vermutlich vor allem daran liegen, dass man sich einen gehirnfreien Kopf offensichtlich schneller zerbrechen kann als einen gut gefüllten, aber es zeigt auch, welch hohe Wellen das derzeit schlägt! Selbst ein Teil meiner Freunde, ja sogar mein guter Kumpel Brocken (»Tut mer leid, aber ich persönlich wünsch mer de Slomka oder wenigstens de Alex Ferguson …«), sind mittlerweile zur Gegenseite übergelaufen und lassen mich in meinem hellblauen Solidaritäts-Trainingsanzug alleine weiterreiten! Wie unser hochemotionaler Konflikt letztendlich enden wird, weiß ich natürlich nicht, irgendeine Gruppe wird vermutlich irgendwann triumphieren. Aber eines weiß ich: Im Gegenzug zu anderen religiösen Auseinandersetzungen stammen wir im Ursprung ja alle aus ein- und demselben Lager. Dass uns das deswegen nicht alle gleich macht, ist mir nicht nur klar, ja, ich würde es auch gar nicht wollen.

Aber eines wäre trotzdem nicht so verkehrt, liebes Tagebuch, nämlich, dass wir bei allem nicht vergessen, dass sich ein Großteil von uns, egal pro oder contra Funkels Weiterarbeit, für unseren Verein nur das Beste wünscht. Und da beim Spiel gegen Leverkusen sowieso weiterhin alles beim Alten ist, sollten wir unsere Energie und die Kraft unserer Stimmbänder nicht damit verschwenden, die jeweils anders denkende Seite zu überschreien, sondern unserer gemeinsamen Mannschaft lauthals ordentlich Dampf unterm Hintern zu machen. Und abends können wir uns dann ja wieder irgendwo treffen und uns gegenseitig erklären, warum wir überhaupt keine Ahnung haben …!

… und lesbar auch noch …!

Von Tragödien und anderen Theaterformen

Da spielt Leverkusen längst nicht so gut wie befürchtet und gewinnt dennoch sicherer als erwartet. Der »Lauf«, das unbekannte Wesen. Er ist gut oder schlecht, einen dritten gibt es nicht, und Frankfurts Lauf ist schlecht. Das einzige, was wir von ihm wissen: Je länger er in eine Richtung geht, also läuft, desto schwieriger wird die Umkehr.

Letzter! Nicht nur »Brocken« bejammert nach dem Heim-0:2 eine echte Tragödie, aber Henni klärt seinen großen Freund auf, was das Wort »Tragödie« in Wirklichkeit bedeutet.

Eines weiß ich nach all den Jahren, liebes Eintracht-Tagebuch,

wenn mir mein großer, kräftiger Freund Brocken mit kleiner, dünner Stimme mitten in der Nacht von Samstag auf Sonntag auf die Mailbox meines Handys spricht, dass es ihm gar nicht gut gehe, »... eigentlich noch weniger als gar net gut ...«, dann ist das die unmissverständliche Bitte, dass ich mich um ihn kümmern soll. Also fuhr ich kurzerhand zu ihm nach Hause, und das offensichtlich keine Minute zu früh! Denn als ich seine Wohnung betrat, saß er kreidebleich und permanent kopfschüttelnd vorm Fernseher, in dem irgendein Fußballspiel lief. »Was guckst'n da?«, fragte ich besorgt. »Des is die Aufzeichnung von dem Spiel, wo die Eintracht letzte Saison in Berlin gewonne hat! Drei mal Fenin ... !« Jetzt schüttelte er den Kopf noch stärker, noch fassungsloser hin und her. »Da habbe sie es noch gekonnt ... Guck dir den Tscheche da an ... und wie er jetzt über de Rasen stolpert ... als hätte se ihm es Gehirn ausgetauscht ...« »Brocken, das solltest du dir in unserer Situation nicht antun! Das bringt doch nix!« »Doch, ich bild' mir einfach ein, es wär jetzt …« Spätestens ab diesem Moment wusste ich, dass er dringend moralische Soforthilfe brauchte. »So ein Blödsinn! Hör mal, mein Freund, es ist doch trotzdem nur Fußball und kein Weltuntergang!« »Babbel net, des ist eine einzische Tragödie … und wir sind mittedrin!« »So,so, ›Tragödie‹ … aha! Du weißt doch gar nicht, was das ist …!« »Ach ja? Wie würdest du denn das gerade alles bezeichnen? Drei mickrische Punkte, Tabellenletzter, Fans, die sich im Internet verbal die Köpfe einschlagen, wütende ›Funkel raus‹-Rufe, ein offenbar ziemlich mitgenommener Heribert Bruchhagen … und vor allem eine Mannschaft, die sich bei jeder Ballberührung in die Hos' macht! Also, Komödien hab ich irgendwie anders in Erinnerung …!« »Pass mal auf, ich erklär dir mal, was das Wort ›Tragödie‹ überhaupt bedeutet, vielleicht hilft dir das ja, danach ein bisschen klarer zu sehen!« »Brauch ich net, ich seh klar genug!« »Du sollst zuhören! Also, die Tragödie hat ihre Ursprünge im antiken Griechenland …« »Wo auch sonst? Letzte Saison hole mer so ne Nullnummer wie de Mantzios, diese Saison haut de Kyrigiakos ab, de Amanatidis verletzt sich wochenlang … und dieser Liberopoulos hat uns bislang auch net so richtisch weiterhelfen könne … des passt ja!« »Brocken, kann ich bitte mal ausreden … die Blütezeit der Tragödie waren die Jahre zwischen 490 und 406 vor Christi. So alt ist dieser Begriff nämlich schon!« »Hat dir eigentlich schon mal einer gesagt, dass du en ganz schlimme Klugscheißer bist …?« »Zufällig waren Theaterwissenschaften schon immer das, was mich in der Schule am meisten interessiert hat, deswegen weiß ich das auch alles, okay? Also, die bedeutendsten Tragödiendichter der Antike waren jedenfalls die Griechen Aischylos, Sophokles und Euripides …« »Wer weiß, wo die vorher gekickt ham …!« »Leute wie Friedrich Nietzsche haben übrigens behauptet, dass die Tragödie aus rituellen Chortänzen entstanden ist …« »Des glaub ich … so wie die Leverkusener nach'm 2:0 rumgehüppt sind …!« »Quatsch! Was ich dir sagen will, ist, dass der Begriff ›Tragödie‹ für was ganz anderes steht und dass er deswegen einfach nicht zur Situation der Eintracht passt!

Ganz abgesehen davon, dass man sich mit solchen Formulierungen nur unnötig noch mehr runterzieht!«

Trotzig lief Brocken jetzt durchs Zimmer, blieb vorm Bücherregal stehen, aus dem er anscheinend wahllos irgendein Buch herauszog. »Wie würdest du denn des Ganze zur Zeit dann beschreiben, Herr Intendant?«, fragte er bissig. Ich überlegte für einen Augenblick. »... vielleicht ist es eher so was wie ... wie ein Theaterstück. So eins, das aus verschiedenen Akten besteht! Das ernst anfängt, dann aber langsam heiterer wird und letztlich mit einem ›Happy End‹ aufhört ...!« »Sag ma, als de liebe Gott de Optimismus vergeben hat, haste schon en paar Mal ›Hier!‹ geschrien, oder?«

»Du verstehst es einfach nicht! Deswegen noch mal langsam zum Mitschreiben: Wenn wir die derzeitige Situation unseres Lieblingsvereins schon mit irgendwas aus dem Theaterbereich vergleichen wollen, dann zumindest mit etwas, das auch passt! Und nicht einfach mit irgendwelchen theatralischen Wörtern um sich werfen, nur weil es schön dramatisch klingt! Kapiert, oder zu hoch?« Brocken nickte zustimmend, während er in dem Buch blätterte, das er in seinen Händen hielt. »Doch, doch, ich glaub, ich hab's verstanne. Pass ma uff, Henni, vielleicht trifft es des ja besser, was hier in meinem Lexikon steht ...! Also ...« Konzentriert legte Brocken seine Stirn in Falten, um so hochdeutsch wie möglich vorzulesen. »... Bei dieser Theaterform werden die Gefühle des Zuschauers oft durch ein geschickt angelegtes Wechselspiel der Ereignisse zwischen der Sympathie mit den Helden, dem Erschrecken vor dem näher rückenden, unabänderlichen Ende und der immer wieder angeregten Hoffnung auf einen günstigeren Ausgang hin und her gezogen ...!« »Wow, das klingt super, das passt, so ähnlich isses ja zur Zeit auch! Und was ist das jetzt für eine Theaterform?« Brocken lächelte milde. »Tragödie!« Fassungslos starrte ich ihn an. »Was? Nein!« »Steht so hier drin!« Sein vom Triumph errötetes Gesicht verriet mir, dass ich nicht nachlesen musste ... es stimmte! »Gut, okay, verstehe ...«, stotterte ich verlegen, »der Punkt geht an dich!« »Siehste ma ... und des ohne Abi!«

Schon Aristoteles wusste: »Jeder kann wütend werden, das ist einfach. Aber wütend auf den Richtigen zu sein, im richtigen Maß, zur richtigen Zeit, zum richtigen Zweck und auf die richtige Art, das ist schwer!«

Ja, liebes Tagebuch, ich gebe es zu, da hatte ich meinen Kumpel tatsächlich unterschätzt!

Kurz drauf saßen wir, ausgestattet mit Chips und Schokolade, nebeneinander vorm Fernseher, um uns gemeinsam noch mal den grandiosen Sieg in Berlin anzuschauen. »Du wirst es gleich merke, des tut irgendwie gut. Vielleicht sollten sich des die Spieler auch e ma angucke. Dann würden sie quasi dran erinnert werden, dass sie es ja eigentlich könne.« »Keine schlechte Idee«, erwiderte ich. »Und wenn sie daraufhin dann erst gegen den KSC und am Samstag in Cottbus gewinnen, was ihnen wiederum für die nächsten Wochen das nötige Selbstvertrauen geben würde …« Brockens Miene erhellte sich, ja, sein Gesicht strahlte jetzt bei dieser Vorstellung, während er mit seinen Fingern auf dem Lexikon trommelte. »… wäre es vielleicht eine Tragödie mit Happy End. Und so was soll es ja durchaus gebbe..!«

Die Geheimnisse des Dachbodens

Wer sagt's denn? Henni natürlich. 2:1 im Nachholspiel gegen Karlsruhe, anschließend ein superstarker 3:2-Sieg in Cottbus (nach 0:2-Rückstand!), und das vor dem Bonus-Spiel gegen die Bayern: Die Moral stimmt, noch einmal grunzt das Phrasenschwein, und recht hat es. Aber woher kommen Moral und all die anderen verschollen geglaubten Eigenschaften?

Glaube es mir, liebes Eintracht-Tagebuch,

das hier hab ich mir ehrlich nicht ausgedacht, das ist eine wahre Geschichte! Zwei Jahre lang stand der Wagen eines betagten Ehepaares aus Essen vergessen am Straßenrand, bis ein Strafzettel wegen Falschparkens die leicht zerstreuten Besitzer wieder auf die Spur ihres Autos brachte!

Laut Polizeibericht war das Auto bereits von Spinnweben und hochgewachsenen Pflanzen umgeben, als die Eheleute den Wagen als den ihren identifizierten. Und weißt Du, wie es dazu kam? Ganz einfach! Das Ehepaar hatte den Wagen nach einem Kirchgang nicht mehr wiedergefunden und ihn als gestohlen gemeldet. Und jetzt war er plötzlich wieder da!

Bei unserer Eintracht haben sie zwar dieser Tage im Rahmen des Riederwald-Umbaus kein altes Auto ausgegraben, aber dafür immerhin eine Menge anderer Dinge. Irgendwie war es so, als hätte einer gerufen: »Kommt, wir gehen jetzt auf den großen Eintracht-Dachboden und suchen nach all den verschollenen Sachen, die uns in der Vergangenheit stark gemacht haben!« Und dann sind sie allesamt hochgeklettert und haben so lange gesucht, bis sie alles Nötige gefunden haben. Michael Fink z. B. sein altes Selbstbewusstsein, dank dem er dann auch gleich ein wunderschönes und immens wichtiges Tor geschossen hat! Fenin seine innere Stimme, die ihm sagt, dass er eigentlich ein guter Stürmer und der Ball definitiv nicht sein Feind ist. Oder Liberopoulos den Glauben an sich selbst, denn nur so lässt sich erklären, dass er nach seiner chronischen Glücksresistenz und gefühlten 1000 Fehlversuchen endlich mal in einem Bundesligaspiel traf, und das gleich zum Sieg! Ja, und dann dürfen wir natürlich Amanatidis nicht vergessen, dem offensichtlich da oben ein Buch über religiöse Opferbereitschaft in die Hände gefallen ist (oder wie sollen wir das nennen, wenn einer ohne Rücksicht auf die eigene Angeschlagenheit das überlebenswichtige Tor macht?)

Es muss jedenfalls ein gutes Gefühl für alle gewesen sein, als sie mit Dingen wie Kampfgeist, Moral, ja sogar einer gewissen Lust am Fußball wieder da runter gestiegen sind, wohl ahnend, dass sie damit Fußballspiele durchaus auch mal wieder gewinnen können! Und nicht nur die Spieler, auch andere scheinen dort oben Verlorengeglaubtes wieder aufgespürt zu haben. Friedhelm Funkel z. B. hat offensichtlich nach einer vielleicht nachvollziehbaren, aber nicht besonders konstruktiven Wortkargheit seine verbalen

Wenn man schon mit kaputtem Knie das Siegtor in der Nachspielzeit macht …

… kommt es danach auf einen Vollspurt mehr oder weniger auch nicht mehr an … .

Fähigkeiten neu entdeckt! Denn sowohl seine ausführlichen Interviews in den Frankfurter Zeitungen als auch sein Auftreten vor laufenden Kameras empfand ich fast schon als befreiend. Anstatt sich hinter ein paar schlecht gelaunt wirkenden Durchhalteparolen zu verschanzen, hat er offen, transparent und, wie ich finde, glaubwürdig klargemacht, warum es zur Zeit so ist, wie es ist, wie er das einschätzt und vor allem, wie er das zu beheben denkt. So was hilft meiner Meinung nach in angespannten Zeiten wie diesen, weil er in diesen Momenten nicht nur mit den Journalisten, sondern auch mit uns spricht! Fast anrührend empfand ich Heribert Bruchhagen, der auf dem Dachboden wohl eine Anleitung zum Thema »Warum ich meine tiefen Emotionen ruhig mal rauslassen soll« aufgespürt hat. Ich weiß zwar, dass er keineswegs so spröde oder nüchtern ist, wie es ihm manche gerne immer wieder unterstellen, aber so gefühlsbetont wie nach dem Sieg gegen den KSC habe ich ihn noch nie in all den Jahren gesehen. Und ich fand's gut! Ja, und auch wenn wir Eintracht-Fans selber nicht mit oben waren, so haben sie uns dennoch auch etwas mitgebracht: einen rot-schwarzen Flakon mit einem milden Beruhigungsmittel drin, das uns zwar nicht von allen Ängsten und innerer Unruhe befreit, uns aber zumindest mal wieder aufatmen und lächeln lässt. Dass wir natürlich allesamt hoffen, dass der Trend der letzten Spiele anhält, ist klar. Wobei das Bayernspiel »net richtisch giltet«, wie es der kleine Bub bei uns im Nachbargarten immer gerne sagt. Auch wenn die trotz allem keine unbezwingbaren Übermonster sind! Aber vor allem darüber hinaus, in den Spielen danach, sollten alle Beteiligten all das Wiedergefundene vom Dachboden fest in ihren Händen halten! Allein schon, damit es ihnen letztendlich nicht so geht wie dem Ehepaar aus Essen. Deren Geschichte ging nämlich noch weiter, und auch hier, liebes Tagebuch, hab ich mir nichts dazu ausgedacht! Als die Polizei die beiden nach deren Aussagen auf der Wache zu ihrem mittlerweile neu angeschafften Wagen bringen wollte, war dieser nicht zu finden. Die alten Leute konnten sich nicht mehr daran erinnern, ob sie zu Fuß oder mit dem Auto gekommen waren …

Zwischen Fury und Monk

Hamilton wird Formel-1-Weltmeister, Hoffenheim führt die Bundesliga-Tabelle an, und die Eintracht gewinnt in Mönchengladbach. Außersportlich sorgen Wahlen in Hessen und den USA für Schlagzeilen:

Ypsilanti schlägt überraschend McCain, Koch verliert erwartungsgemäß gegen Obama. Oder wie? Auch Henni bringt »alles durcheinander«, wie jene Dame im gleichnamigen Lied auf seiner ersten – tollen! – Solo-LP.

»... und deswegen nehme ich den Preis nicht an!«

Ja, liebes Eintracht-Tagebuch, das hatte schon hohen Unterhaltungswert, als Marcel Reich Ranicki im Rahmen der Fernsehpreisverleihung vor ein paar Wochen die ihm zugedachte Auszeichnung schlichtweg verweigerte! Aber auch wenn ich seinen Ausraster ausgesprochen amüsant, und die dadurch ausgelöste Diskussion um die Qualität unserer Fernsehlandschaft nicht schlecht fand, so denke ich dennoch, dass man das alles etwas differenzierter betrachten sollte. Denn auch wenn ich seine Meinung teile, dass es tatsächlich unglaublich viel Mist und Peinliches im TV gibt, so glaube ich aber ungeachtet dessen, dass man trotzdem genug Gutes finden kann, um daraus quasi sein eigenes Programm zu erstellen! Bei mir ist das besonders einfach, denn neben Fußballübertragungen gibt es vor allem eine Sorte Fernsehen, die ich schon immer abgöttisch geliebt habe: Serien! Das war schon als Kind so, als Fury, Flipper, der Mann in den Bergen und die Cartwrights meine besten Freunde waren, und ist bis heute so geblieben. »24», »Lost«, »Heros«, »Prison Break«, »Desperate Housewifes«, »Monk« und wie sie sonst noch heißen, ich guck sie alle, wenn auch meist in Form von DVD-Staffeln. Da ich sie allerdings nicht chronologisch konsumiere, sondern meist durcheinander, und dazu auch gerne hin und wieder mal in alte Serien reinschaue, hat das mitunter komplizierte Folgen für meinen Kopf. Erst letzte Woche z. B. hatte ich dementsprechend einen ziemlich wirren Traum: Ich sitze in einem Flugzeug, umgeben von einer Gruppe rauer Wikinger, die komischerweise von einem kleinen Jungen angeführt werden. Plötzlich stürzt die Maschine über einer unbekannten Insel ab, doch bevor ich im Meer ertrinke, werde ich von einem schwimmenden schwarzen Pferd gerettet, das auf den Namen »Jack Bauer« hört und mich zum Ufer zieht. Dort übernehmen mich drei Cowboys samt Cowboy-Vater, die mich reitend zum Inselarzt bringen, während um uns rum eine riesige Landkarte abfackelt. Der Arzt entpuppt sich als

durchgeknallter Zauselbart, der sich mit »Dr. Catweezle« vorstellt und der sich auf seinem Körper die kompletten Baupläne eines Gefängnisses hat tätowieren lassen, weil er demnächst seinen dort inhaftierten Bruder befreien will. Als Arzthelfer assistieren ihm, unter der Leitung von George Clooney, diverse kleine, ziemlich dürftig animierte Pappmännchen, die permanent politisch unkorrekte Bemerkungen machen und in einer Garage neben der Praxis einen Delfin namens ›Lassie‹ für Tierversuche missbrauchen. Nachdem mich dann eine hochneurotische Familie namens ›Hesselbach‹, die gerade von Dallas nach Bullerbü umgezogen war, des Mordes an ihrem Onkel Rockfort bezichtigte und mich ein Hinrichtungskommando unter der Leitung eines gewissen ›Peter Lustig‹ exekutieren wollte, wachte ich schweißgebadet auf!

Ja, ich weiß, liebes Tagebuch, solche Träume sind erste Signale. Was ein Freund von mir ähnlich sieht, und mir deswegen empfohlen hat, erstmal lieber keine Serien mehr zu schauen, oder zumindest immer nur eine am Stück. Und genau das mache ich jetzt auch! Zur Zeit gucke ich nur noch eine einzige, und die heißt: »Spiele umdrehen nach Rückständen«! In der Hauptrolle Eintracht Frankfurt! Diese Serie ist echt super, denn sie ist nicht nur spannend und dementsprechend hoch unterhaltsam, sie scheint auch tiefenpsychologische Effekte zu haben. Ich bin nämlich seit ein paar Wochen urplötzlich gut drauf, voller Zuversicht und extrem entspannt. Ja, ich geh sogar wieder ans Telefon, wenn ich auf dem Display Nummern von auswärtig wohnenden Freunden sehe, die mich in letzter Zeit immer besonders gerne dann angerufen haben, wenn mein Lieblingsverein erneut verloren hatte. Am Sonntag gucke ich übrigens weiter! Wobei die Drehbuchautoren ja manchmal absichtlich urplötzliche Wendungen in solche Serien reinschreiben, mit denen man überhaupt nicht rechnet, und die einen dann erstmal enttäuschen. Aber ich glaub' das nicht so recht, eine Stimme in mir sagt, dass es in dieser Folge »Eintracht gegen VfB Stuttgart« wieder so läuft. Und auch wenn die Stimme ein bisschen klingt wie von einem der Schlümpfe … egal!

Mindmapping

Nach dem 2:2 gegen Stuttgart ledert Funkel los gegen seine Kritiker auf den teuren Plätzen hinter seiner Trainerbank:

»Nur weil die viel Geld gezahlt haben, glauben sie, mich beschimpfen zu können, diese Krakeeler!« Die Krakeeler haben jetzt dicke Knoten im Seidentaschentuch. Gott vergibt, Rolex-Ritchie nie! Die Eintracht bleibt auf Platz 12, Aufsteiger Hoffenheim dagegen spielt ganz vorne mit. Hinter vorgehaltener Hand wird die komplizierte Frage gestellt, was der Unterschied sei zwischen dem Aufpumpen des Muskels eines Einzelsportlers mit Anabolika und dem Vollpumpen einer Mannschaft mit unbegrenzten Geldmitteln. Einfache Antwort auf eine andere Frage: Einen Mäzen wie Hopp wünscht sich jeder. Auch die Eintracht. Alles ein bisschen verwirrend. Man sollte seine Gedanken ordnen. Bloß wie?

Sag mal, liebes Eintracht-Tagebuch,

weißt Du eigentlich was ›Mindmapping‹ ist? Ich hab es bis letzte Woche jedenfalls nicht gewusst, bis mir ein Freund begeistert davon erzählte Und ich versuche mal, es möglichst populärwissenschaftlich wiederzugeben, auch auf die Gefahr hin, dass Kenner der Materie mich für diese Definition allenfalls mitleidig belächeln würden.

›Mindmapping‹ ist eine Methode, um seine Gedanken zu ordnen! Zum Beispiel um ein zu planendes Projekt systematisch zu entwickeln. Oder auch, um herauszufinden, was man vom Leben bzw. wo man im Leben hin möchte, ja man kann damit sogar angeblich innere Blockaden oder Ängste überwinden. Und es geht wirklich einfach. Man braucht dazu vor allem ein leeres Blatt, auf das malt man einen großen Kreis. Da schreibt man dann den Begriff rein, um den es im Eigentlichen geht.

Dann malt man so eine Art Äste an diesen Kreis, die zu weiteren Kreisen führen, in die man wiederum Wörter einträgt, die mit dem Hauptbegriff zu tun haben. Jetzt zeichnet man an diese wiederum Äste und Kreise, in die man dann wieder Wörter schreibt, die eben damit zu tun haben. Klingt kompliziert, was vor allem daran liegt, dass Dir das ein Halbspezialist wie ich hier erklärt. Und bevor Du hier bereits aussteigst, Tagebuch, versuche ich es lieber mit einem kurzen praktischen Beispiel!

Wenn einer z. B. eine Bank ausrauben will, schreibt er als zentralen Begriff erst einmal »Banküberfall« in den Hauptkreis. Dann malt er so viele Äste und dazugehörige Kreise daran, wie ihm Unterbegriffe einfallen. Ein Kreis z. B. steht für Arbeitsmaterial, daraus wachsen dann wiederum Kreise, in denen Begriffe wie »Knarren«, »Maske« oder »Fluchtfahrzeug« stehen. Und an den Kreis mit dem Flucht-

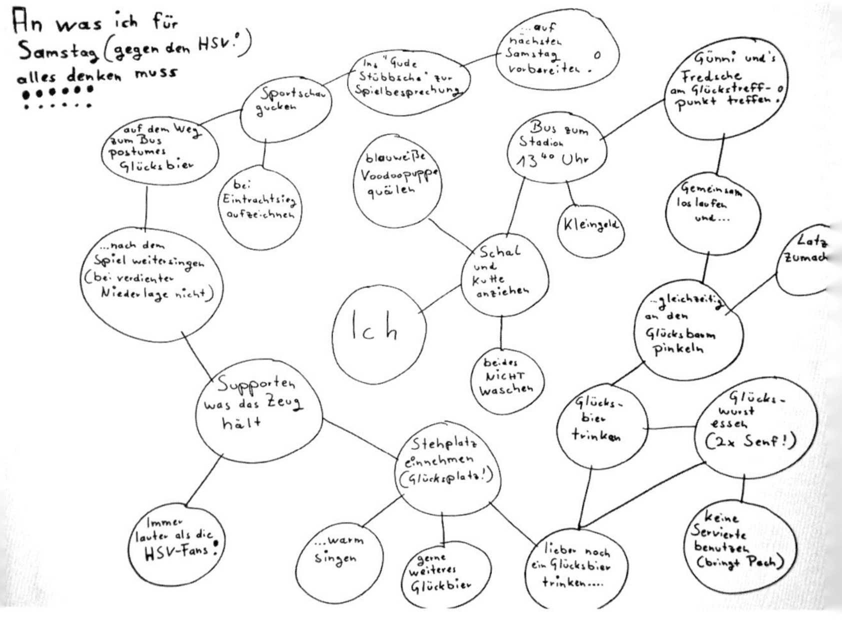

Was hilft einem bei der perfekten Vorbereitung auf das nächste Heimspiel besser als Mindmapping?

fahrzeug malt man dann noch einen, auf dem »Benzin« steht. So vergisst man beim Vorbereiten eines Überfalls von vornherein zu keinem Zeitpunkt, dass man dazu ein Auto braucht und dass das möglichst vollgetankt sein sollte! Zum Schluss sieht das Ganze dann ein bisschen aus wie die Grafik einer chemischen Formel, ist aber vor allem eine Art geordnete Datenbank seiner Gedanken. Und schon steht dem gepflegten Banküberfall nichts mehr im Wege!

Warum ich Dir davon erzähle? Ganz einfach! Weil ich glaube, dass wir Eintracht-Fans so was bald auch mal machen müssten! Denn kaum hat sich unser Verein vom Anfangsschock der Saison ein wenig erholt, gegen Stuttgart ein wirklich ansehnliches Spiel gemacht und sich so ein ganz klein bisschen im unteren Mittelfeld eingenistet, geht dem ein oder anderen Hessen auch schon der Gaul durch. Plötzlich höre ich in der Kneipe Sätze wie: »Eija, lass e ma die Stuttgarter oder die Schalker e bissi ins Straucheln komme, dann sind mer schneller näher dran, als mer gucke kann!« oder »Bevor mir absteische, wird eher de Jimmy Hartwig unsern erste schwarze hessische Ministerpräsident!«

Der beste Spruch, den ich in Sachen ›Realitätssinn‹ letzte Woche gehört habe, war: »Gut, de UI-Cup is net unbedingt attraktiv ... aber ich werd trotzdem hingehe ...«

Natürlich weiß ich, dass nicht alle Eintracht-Fans so denken und dass es genügend unter uns gibt, die den Ernst der Lage begriffen haben. Und die Leuten wie Heribert Bruchhagen durchaus Glauben schenken, dass es zumindest erstmal weiterhin eher schwierig bleiben wird. Aber diese durchgeknallten Großmaulköppe gibt es hier eben auch zur Genüge, und die müssen wir irgendwie zum Schweigen, oder noch besser, zum wirklichkeitsbezogenen Denken bringen! Denn genau die sind es, die schon in ein paar Wochen die nächste Unruhewelle erzeugen, wenn es nicht so recht nach ihren Wahnvorstellungen läuft!

Und da ja »Mindmapping« in fast allen Lebenslagen funktionieren soll, wäre das doch zumindest einen Versuch wert. Einfach den Begriff »Eintracht« in den Hauptkreis schreiben und dann Äste daran setzen, in denen Dinge wie

»realistische Ziele« usw. stehen, und das Ganze dann in aller Ruhe zu Ende denken. Ich könnte mir vorstellen, dass das dem ein oder anderen hilft, wieder auf der Erde zu landen!

Natürlich gibt es aber auch Menschen, die solche neuartigeren Methoden nachweislich überhaupt nicht brauchen. Zum Beispiel der italienische Wirt, in dessen Restaurant ich gestern Abend war, und der schon lange ein großer Eintracht-Fan ist. Als er mir nach dem Essen meinen Espresso brachte, setzte er sich kurzerhand zu mir, um mir kompetent, gedanklich glasklar strukturiert und in bestem Hessisch-Italienisch seine Sicht der Dinge zu vermitteln: »Isse doch alles prima ... Mannschaft widdär prima, Trainer prima, bringe viele junge Buwe, das isse auch prima, der Tsche endlich prima, der annern Grieche trifft endlich prima, Verein prima net mehr hinnedrin, Stimmung von Publikum isse auch widdär prima und Aussichte unnerm Strich auch multo prima! So, und jetzte bringe ich dich prima Rechnung ...!«

Spielball der Götter

Da hatte sich unsere Eintracht so schön berappelt, und dann dieser hässliche Rückschlag: 0:4-Schlappe in Dortmund. Eine sportlich logische Erklärung gibt es nicht, für diesen Tiefpunkt müssen höhere Mächte verantwortlich sein – ausgebüxte Herrschaften vom Seniorenheim?

Heute, liebes Eintracht-Tagebuch,

möchte ich Dir von einem meiner besten Jugendfreunde erzählen. Der hieß Thomas und machte seinen Zivildienst in einem Seniorenheim. Das war kein wirklich leichter Job, denn während ich im »Kuratorium für Heimdialyse« nur Papierkram bewältigen musste, durfte er mit den älteren Herrschaften nicht nur im Park spazieren gehen, er musste sie füttern, anziehen, waschen usw. Er nahm das aber mit einer beeindruckenden Leichtigkeit, und begründete das mit den vielen schönen Erfahrungen und mitunter sehr lehrreichen Gesprächen. Eines Tages erzählte er mir beim gemeinsamen Zivildienstfeierabendbier von einer neuen Heimbewohnerin, die ihn gleich am Tag ihrer Ankunft in ein mystisches Geheimnis eingeweiht hatte. Es gäbe nämlich für jeden Bereich im Leben einen extra dafür bestimmten Gott, und nur der sei dafür verantwortlich, ob etwas klappte oder nicht! Wenn z. B. im Backofen der Kuchen verbrenne, sei man nicht selbst daran Schuld, sondern der »Küchengott«. Wenn man über eine rote Ampel fahre und dabei geblitzt werde, sei das nicht eigene Blödheit, sondern weil der »Verkehrsgott« das in diesem Moment so wollte. Ja, und selbst wenn man versehentlich in die weiche Hinterlassenschaft eines Hundes trete, sei das nicht Unachtsamkeit, sondern unterlag einzig und allein der Verantwortung des »Hundehaufengottes«! Natürlich nahmen wir diese Wissenschaft dankbar auf, denn egal, was wir auch falsch machten, ab sofort waren höhere Kräfte daran schuld. Konnten wir bei einem Mädchen nicht landen, war der »Anmachgott« daran schuld, und wenn einer von uns Sonntagmorgen total verkatert aufwachte, hatte der »Pilsgott« einfach nicht aufgepasst!

Behält man den Glauben an diese Theorie bei, und betrachtet man das Spiel der Eintracht in Dortmund, kämen gleich eine ganze Reihe da oben in Frage. Vielleicht war es ja nur der »Dicke Beine-Gott«, der unseren Jungs am Samstag das Leben gemeinerweise schwer gemacht hat, und wegen dem sie letztlich so alt ausgesehen haben. Möglich wäre auch, dass der »Gott der gesunden Selbsteinschätzung« gerade mal einen großen Bogen um die Frankfurter Mannschaft gemacht und so dafür gesorgt hat, dass sich die Spieler nach den Punkten aus den letzten Spielen einfach zu sicher waren, trotz ihrer schwierigen Personalsituation auch im Ruhrpott locker mithalten zu können. Dazu würde übrigens auch passen, dass Marco Russ immer wieder schon nach nur wenigen ganz guten Spielen mit der Nationalelf in Verbindung gebracht wird. Das sehe ich, trotz aller Sympathie für ihn, anders. So qualitativ unterschiedlich er da hinten spielt, ist er zur Zeit vom DFB-Team so weit entfernt wie Rainer Calmund von der Goldmedaille im Stabhochsprung! Unbestrit-

Es gibt so viele Götter! Marilyn, die Göttin aller Sexsymbole.

Oder Speckfish, der Gott aller gestrandeten Wale!

ten nicht betroffen vom göttlichen Selbstüberschätzungsvirus ist übrigens Heribert Bruchhagen, der vor Kurzem ein beachtenswertes und kluges Interview zu genau diesem Thema gegeben hat, in dem er die vollkommen unberechtigte und weitverbreitete Selbstherrlichkeit und Divenhaftigkeit in der Bundesliga beleuchtet hat! Das war Balsam für meine von blöden Schiridiskussionen und anderem überflüssigen Gejammer gepeinigte Fußballseele. Aber wie dem auch sei, wichtig ist, dass die Eintracht uns schon bald, und am besten gegen Hannover 96, beweist, dass die Packung beim BVB zur Kategorie »Ausrutscher« gehört und dass sie den Aufwärtstrend der letzten Wochen trotzdem bestätigen kann. Und von mir aus können dazu gerne auch ein paar höhere Wesen beitragen. Ob jetzt der »Nervengott«, der den Niedersachsen Angstzustände verschafft, sobald sie im Frankfurter Strafraum auftauchen, oder der »Gott des gepflegten Dünnpfiffs«, der sie heimsucht und ordentlich schwächt.

Eine Alternative wäre auch der »Hessengott«, der am Samstag da oben, mit einem Glas Äppler in der Hand, darüber wacht, dass alles gut für uns läuft. Aber, liebes Tagebuch, vielleicht brauchen wir ja auch gar keine Hilfe von oben. Vielleicht muss sich die Eintracht einfach nur auf ihre eigenen Stärken besinnen, und einen derzeit sicherlich nicht besseren Tabellennachbarn ohne jeden Punkt wieder nach Hause schicken!

Wäre auch eine Möglichkeit …

Die Kunst, richtig zu antworten

Nach einer Länderspiel-Pause (Deutschland verliert 1:2 gegen England) gibt Eintracht Frankfurt die richtige Antwort auf das 0:4 von Dortmund: 4:0 gegen Hannover. In IQ-Tests muss man immer auch Zahlenreihen vervollständigen. Wer zu diesem Zeitpunkt (Samstag, 22. November 2008, 17.15 Uhr) die Seltsam-Reihe 0:4, 4:0 … mit 0:5, 4:0 fortsetzen könnte, wäre aber kein Superschlaukopf, sondern Hellseher.

Auch wenn Du es mir vielleicht nicht glaubst, liebes Eintracht-Tagebuch …

es stimmt! In der RTL-Sendung«Der Schwächste fliegt« wurde ein Kandidat gefragt »Welcher römische Kriegsgott trägt den gleichen Namen wie ein bekannter Schokoriegel?« Und weißt Du, was er geantwortet hat? »Snickers!«

In einer anderen Folge wollte man von einer Kandidatin wissen: »Wie heißen die kurzen Haare an den Außenkanten der Augenlider?« Ihre Antwort: »Koteletten!« Und es wird noch besser! Auf die Frage »Wie heißen die sagenhaften riesigen Vorfahren der Elefanten?«, entgegnete tatsächlich einer »Moped«!

Wobei es ja nicht nur Rate- oder Quizsendungen sind, in denen man sich mitunter blamieren oder in Verlegenheit bringen kann! Ein Freund von mir war Trauzeuge bei der standesamtlichen Hochzeit eines Kumpels und berichtete mir kurz drauf am Telefon, was sich im Trauzimmer abgespielt hatte. Als nämlich der Standesbeamte dem Bräutigam die obligatorische Frage stellte, ob er seine Auserwählte denn nun tatsächlich für immer ehelichen wolle, überlegte der auf einmal angestrengt, um dann zu sagen: »Des is ne gute Frage …! Ehrlich gesacht … also wo sie mich jetzt grad so direkt druff anspreche … hm … ich weiß es gar net ganz genau! Ich mein ... es ging ja die ganze Zeit auch so! Mal ehrlich Chef ... was würden Sie denn mache?« Woraufhin die vermeintliche Braut wutentbrannt den Raum verließ, um schon wenige Monate später den besten Freund ihres »Beinahe-Mannes« zu heiraten!

Das alles, liebes Tagebuch, macht doch schlicht und einfach deutlich, dass das mit dem richtigen Antworten nicht unbedingt jedermanns Sache ist! Was man zur Zeit allerdings nicht von unserer Eintracht behaupten kann! Denn wenn eine Mannschaft an einem Wochenende ohne richtige Gegenwehr 0:4 verliert, und dadurch gleich eine ganze Reihe von Fragen aufkommen, z. B., ob die Mannschaft aufgrund ihres geschwächten Kaders »alle« sei oder ob sie nach ein paar guten Spielen einfach die reale Selbstwahrnehmung verloren hat und ob die Moral der letzten Wochen bereits aufgebraucht sei, dann ist ein 4:0-Sieg nur sieben Tage später durchaus das, was man »eine klare Antwort« nennen darf! Denn bevor wir schon wieder ins leichte Maulen verfallen, lässt uns die die Eintracht mit dem Spiel gegen Hannover schneller wieder verstummen als angenommen. Klar war das kein Zaubertriumph gegen den Tabellennachbarn, und etwas zu hoch war er auch. Aber es war ein wichtiger Karabinerhaken, den man am

Ein zwiespältiger Moment für Liberopoulos. Einerseits die Freude über das Tor von Marco Russ ... andererseits das Bewusstsein, dass dieser ihn gleich vor lauter Begeisterung footballmäßig umsäbeln wird!

Egal … dafür wird kurz drauf einfach mal fröhlich Patrick Ochs gewürgt!

Samstag in die Felswand der Bundesliga gehauen hat, bevor einen die nächste Lawine doch wieder mit runterzieht! Und nur um das geht es im Moment! Alles andere muss warten, bis die vielen Ausfälle wieder mit an Bord sind, und Funkel und Reutershagen in Frankfurt endlich mal einen einigermaßen kompletten Kader zur Verfügung haben!

Eine gute Antwort hat mir übrigens auch Marco Russ (wenn wahrscheinlich auch unbewusst) gegeben, denn kaum habe ich ihm noch letzte Woche an dieser Stelle das Zeug zum Nationalspieler abgesprochen, schon macht er gegen 96 nicht nur ein wirklich gutes Spiel, sondern dazu auch noch ein Tor! Das bringt ihn zwar nicht gleich ins DFB-Team, dürfte sich aber durchaus positiv auf seinem Selbstvertrauenkonto bemerkbar machen! Und das kann bei keinem der Spieler voll genug sein, denn schon das nächste Spiel hat es wieder in sich! Bei Werder Bremen brennt nämlich aufgrund ihrer Krise schon einige Wochen vor Weihnachten ordentlich der Baum, weswegen man versuchen wird, diesen mit einem deutlichen Sieg gegen unsere Jungs zu löschen. Und an der Weser gibt es mit Sicherheit schon jetzt welche, die nur über die Höhe dieses Sieges debattieren. Aber wer weiß, Tagebuch, vielleicht hat die Eintracht ja auch dafür eine passende Antwort parat!

Ein klein bisschen cleverer als diese junge Frau beim »Familienduell« müsste sie sich allerdings schon anstellen. Denn auf die Frage nach einem gelb-schwarzen Insekt überlegte sie kurz, um dann selbstbewusst zu antworten: »Giraffe!«

Willkommen im SM-Club!

0:4, 4:0 … 0:5! Die Klatsche in Bremen tut richtig weh. Henni vertraut seinem Tagebuch eine Vermutung an, die aus den bizarreren Landschaften der sexuellen Welt schöpft.

Ja, liebes Eintracht-Tagebuch,

es mag ja sein, dass es Bundesländer gibt, die uns in bestimmten Dingen überlegen sind. Sei es wirtschaftlich, schulpolitisch, von mir aus auch kulturell. Aber eines haben sie allesamt im Gegensatz zu uns Hessen nicht: nämlich die Gabe, aufgrund ihrer Sprache selbst den vermeintlich fiesesten oder gar unangenehmsten Themen dieser Welt eine komische Seite zu verleihen! Es ist einfach so! Sobald sich Hessen im Dialekt über etwas unterhalten, wird es irgendwie amüsant … wenn auch oft nur unfreiwillig! Ob es beim Kiebitzen nach einem Unfall ist, wo sich zwei alte Frankfurter Opas über die Bereifung des Krankenwagens unterhalten (»Des sind Fuffzehner Allwetterschlappe … ganz klar!«), oder im Kaufhaus, wo eine Verkäuferin an der Kasse die Weltpolitik erörtert (»Also, seitdem der Osama Barack den langen Bart ab hat und net mehr in Höhlen lebt, sondern im Weiße Haus, find ich den richtig sympathisch …!«). Vor ein paar Wochen durfte ich dankbarer Zeuge eines Fachgesprächs zweier Handwerker sein, die sich während ihrer Mittagspause vorm Schnellimbiss über Sadomaso austauschten! »Karl-Heinz, ich hab des im Fernsehn gesehe! Des mache sowohl Männer als auch Fraue! Die tragen so Latexlappe und dazu Masken, und dann geht's los …!« »Was'n für Masken, Werner? So welche mit Politikergesichtern oder was …?« »Naa, so schwarze Masken halt. E bissi wie so Henker in alte Filme …« »Ja, aber die hänge sich doch net uff, oder?« »Naa, die tun sich zwar weh, aber gegenseitisch umbringe tun se sich net … zumindest soweit ich weiß.«

»Haun die sich uff die Fratz oder was?« »Naa! Die drehen sich irgendwelche Häkscher in die Brustwarz oder woanders hin, und des gefällt dene dann.« »Habbe die se noch all?! Wenn mir aaner wo was neidrehe will, batsch ich ihm eine, dass er net mehr weiß, wie er heißt!« »Du wirst lache, aber wahrscheinlich fänd der des sogar gut! Des is halt annerster bei dene, die wolle des so. Sowohl der, der wo dem annern wehtut, als auch der, der wo die Schmerze aushalte muss!« »Wieso boxe die net einfach gegeneinander?« »Erstens ma boxe Männer net gegen Frauen! Und außerdem geht es net darum, dass aaner gewinnt, sondern dass es möglichst lange dauert und Spaß macht!« »Warum mache se dann keine Skiwanderung? Des dauert auch lang, kaaner muss gewinne, und zum Schluss brenne dir die Füß' ...!« »Des is doch kaan Wintersport! Und die habbe auch kei Hauptsaison, die wolle des immer!« »Des geht doch gar net! Was issen, wenn die schaffe gehe? Trage die dann im Büro Latexklamotte und hauen sich mim Tacker Klammern in die Stirn?« »Blödsinn! Die habe da extra so ganz spezielle Clubs für so was! Des is im Prinzip ne ganz eigene Szene, da kimmste als Außenstehender gar net nei ...!« »Ach so, jetzt versteh ich's ...!«

So unterhaltsam dieser Dialog auch für mich war, liebes Tagebuch, eine Woche danach denke ich, dass das mit der Exklusivität nicht so ganz stimmt. Man kann auch völlig unfreiwillig in die SM-Szene geraten! Als Eintracht-Fan zum Beispiel, wobei wir die Rollenfrage natürlich nicht groß erläutern müssen. Die Spieler sind die Sados, und wir Fans sind, wenn auch nicht wirklich gerne, die Masos! Oder wie sollen wir das denn sonst nennen, was sie derzeit mit uns machen? Sieg in Gladbach, dann ein klasse Spiel gegen Stuttgart, das uns aufgrund seiner Spielkultur unterbewusst höhere Tabellenluft hat schnuppern lassen. Dann der plötzliche Schmerz nach dem Dortmund-Spiel, bei dem sie sich eher als Ausspielmarionetten denn als Gegner präsentiert haben. Dann wieder das wunderbare Gefühl nach dem klaren 4:0 gegen Hannover. Und kaum träumen wir so ein ganz klein bisschen von einem möglichen, klitzekleinen aber feinen Pünktchen im hohen Norden ... schon demütigen sie uns mit einer Megaklatsche in Bremen. 0:5! In einem Spiel, das nach 20 Minuten bereits entschieden war. Gegen ein Team, das selten dünnhäutiger war als in diesen Wochen. Für mich ist das Sadomaso in Reinkultur!

Aber gut, einigen wir uns für heute auf Folgendes. Sollte die Eintracht am Samstag gegen Bochum verlieren, ist meine These hinfällig. Aber wenn sie den VfL wegfegt, um dann eine Woche darauf gegen den HSV wiederum willenlos unterzugehen, sollten wir auf jeden Fall mal jemanden in die Kabine schmuggeln, um zu gucken, ob da neben den Handtüchern nicht doch so kleine schwarze Masken hängen …!

Als hätte ich's geahnt … !

Mit Kontaktlinsen zum Erfolg

0:4, 4:0, 0:5 ... 4:0! Am Nikolaustag endet die erstaunliche Auf-ab-Serie mit vier »Ruten« für Bochum. Wie es dazu überhaupt kommen konnte und was wahrscheinlich dahinter steckt, darauf kommt Henni in einem Gespräch mit einem echten »Brocken« von Nikolaus.

Manchmal, liebes Eintracht-Tagebuch,

braucht man kein Fernsehen oder Kino um etwas besonders Skurriles zu sehen! Manchmal reicht es auch, einfach am 6. Dezember durch die Innenstadt des eigenen Wohnortes zu bummeln. Und wenn man dann plötzlich vor dem Fenster eines Optikerladens einen besonders breiten Nikolaus stehen sieht, der unentschlossen ins Schaufenster starrt und sich dabei selbstvergessen am Allerwertesten kratzt, dann hat das auch was! Vor allem, wenn der Nikolaus verdächtige Ähnlichkeit mit meinem guten Freund Brocken hat. Also stand ich nur wenige Augenblicke später neben dem roten Watz, um ihn freundlich anzusprechen. »Na, Chef ... endlich Feierabend?« Zwei müde Augen schauten mich leicht genervt an. »Lass mich in Frieden, ich bin fertisch für heut!« Da ich meinen Kumpel nun schon ziemlich lange kenne, spürte ich schnell, dass dies nicht der richtige Zeitpunkt zum Witzemachen war. »Was is'n los, Alter? Bist du gestresst?« Brocken nickte. »Ich hab doch heut im Kinnergarten de Nikolaus gemacht. Was ja im Prinzip okay war. Ich mein, dass da ständisch Kinner schreie und an einem rumzuppele ... des hab ich ja vorher gewusst ...!« »Aber ...?« »Aber was ich vorher net bedacht hab ... dass ich diese ganzen kleinen Namenschilder an dene Geschenke lesen muss!« »Ja und?« »Ei, ich bin doch weitsichtisch wie die Sau! Und ich hatt meine Brille net debei. Ich mein, wie sieht'n des aus ... en Nikolaus mit 'ner Brille von Fielmann ...?« Jetzt ahnte ich, warum Brocken hier vor dem Optikergeschäft stand.

»… und jetzt überlegst du, ob du dir nicht sicherheitshalber Kontaktlinsen besorgen sollst!« »Genau! Des Problem is nur, dass ich die Dinger net mag. Und ich bin mir auch gar net sicher, ob die was bringe …« Sofort schoss mir eine Geschichte in den Kopf, die ich vor gar nicht allzu langer Zeit mal gelesen hatte. Nämlich die von einer in London lebenden Frau, die einen Greyhound besaß, einen dieser schmalen, schnellen Rennhunde. Und weil der bei jedem Rennen immer nur Zweiter wurde, kam sein Frauchen auf die Idee, ihn zu einemTierarzt zu bringen, der dem Hund kurzerhand Kontaktlinsen einsetzte. Bereits das nächstfolgende Rennen gewann der Hund, so wie alle, die noch folgten. Schon wenige Monate später war der Hund total berühmt und seine Besitzerin steinreich! In einem Interview hatte der Tierarzt übrigens später erklärt, dass der kurzsichtige Vierbeiner immer nur Zweiter geworden war, weil er aufgrund seiner Sehschwäche Angst hatte, sich zu verlaufen. Also sei er immer sicherheitshalber dem vor ihm laufenden Hund gefolgt. Bis man ihm die neuen Sehhilfen verpasst hätte! Diese Geschichte erzählte ich meinem gewichtigen Freund, der mich nachdenklich anstarrte. »Also, mich mit so 'nem dünne Rennköter zu vergleiche … hm … Und ob des was für mich ist, weiß ich net! Aber vielleicht wär des ja die Lösung für die Eintracht-Spieler!« »Wieso für die?«, fragte ich verständnislos. »Eija, die habbe doch zur Zeit auch gewissermaßen ›Sehstörungen‹!« »Ich verstehe grad gar nix!« »Ei, überlesch doch ma … wenn eine Mannschaft einerseits daheim Mannschaften wegputzt wie Flecke uff'm Tisch, um dann auswärts unnerzugehn wie en versenktes U-Boot, dann stimmt doch irgendwas net mit der Sichtweise. Wie kommen Spieler dadezu, zu Hause de Dicke zu machen, um nur sieben Tage später übern Platz zu renne wie uffgescheuchte Hühncher, wenn de Schlachter kimmt?«

»Vielleicht hat das damit zu tun, dass sie in Dortmund und Bremen gegen Mannschaften verloren haben, die einfach besser waren!« »Ja, aber desweschen muss man sich net gleich abschieße lasse wie uff de Kerb! Weißte, was die bräuchte?« »Was denn?« »Die bräuchten so Spezialkontaktlinsen für die Spiele gegen die vermeintlich Großen ...!« »Aha, und wie sollen die funktionieren?« »Die müsste so sein, dass wenn die die uffziehe, die gegnerischen Spieler alle einfach e bissi kleiner aussehen ... e bissi mickrischer! Dann denkt sich der Eintracht-Spieler ›Ach guck ma, die sind ja gar net so groß, denen zeische mer jetzt ma, wie gut der Ball in ihr Tor passt‹!« »Brocken, ich weiß ja, dass du heute einen harten Tag hattest, aber des is mir jetzt en bisschen arg an den Haaren herbeigezogen ...!« »Ach ja? Dann sag du Superexperte mir mal, wie die Eintracht am Samstag beim HSV sonst bestehen will, hm?« Ich musste zugeben, dass ich da überfragt war. Denn wenn man den Rhythmus der letzten Spiele so betrachtete, dann roch es am Wochenende durchaus wieder nach Packung. »Hm«, stammelte ich verlegen, »meinst du denn, dass ein Optiker so was überhaupt hinbekommt?« »Mer könnte ja zumindest mal fragen ...« »Stimmt«, hörte ich mich sagen, während ich die Tür öffnete, »... fragen kostet ja nix!«

Nach dem Ruff un' Runner der seltsamen Vierer-Serie endet die Vorrunde mit einem vergleichsweise normalen Ergebnis:

0:1 in Hamburg. Aber im Gleichgewicht ist die Eintracht damit noch lange nicht. In der ersten Saisonhälfte gab es Schatten und Licht, Schwarz und Weiß, symbolisiert im Dualismus der chinesischen Philosophie des Yin und Yang … und daraus schöpft Henni beim Kichererbsentee im Esoterikladen Kraft und Zuversicht für die Rückrunde.

Das war schon irre, liebes Eintracht-Tagebuch,

in dem Moment, in dem sich hinter mir die Tür schloss, war das wie ein Eintauchen in eine andere Welt! Erstmal roch es dermaßen intensiv nach Räucherkerzen, dass es einem fast schon kiffermäßig die Birne vernebelte. Dazu lächelten einen Hunderte von Buddhas mit geschlossenen Augen an, während man aufpassen musste, nicht über irgendwelche tibetischen Klangschalen zu stolpern. Oder versehentlich einen der vielen Ständer umzustoßen, die mit symbolischem Silberschmuck, Aromalampen und Batiktüchern so voll gehängt waren, dass man gar nicht mehr wusste, wo man zuerst hinschauen sollte. Der Esoterikladen, in dem ich mich befand, und der so ziemlich jedes meiner damit verbundenen Klischees bestätigte, gehörte seit Kurzem meinem früheren Schulkameraden Stefan. Und genau den wollte ich an diesem Morgen einfach mal besuchen. Freundlich wie eh und je, und als hätten wir uns gestern erst das letzte Mal gesehen, begrüßte er mich, und schon kurz drauf saßen wir gemütlich beisammen, um bei einer Tasse indischen Kichererbsentees das Leben mit all seinen Facetten zu erörtern. Irgendwann fragte er mich in diesem Zusammenhang, ob ich wüsste, was Yin und Yang sei. »Klar«, antwortete ich, »das sind doch diese zwei berühmten chinesischen Tischtennisspieler die bei Olympia Gold gewonnen haben!« Unbeeindruckt von diesem zugegebenermaßen ziemlich blöden Scherz erklärte er mir, dass Yin und Yang zwei Begriffe aus der chinesischen Philosophie seien. Bei Yang handele es sich um das »Prinzip Sonne«, bei Yin um das »Prinzip Schatten«. Mit ihrer Hilfe könne man das Leben mit all seinen Auf und Abs sehr viel besser erklären und dementsprechend auch sehr viel besser verstehen. Zweifelnd schaute ich ihn an. »Hör mal, ich bin leidenschaftlicher Anhänger von Eintracht Frankfurt. Da geht's schon immer auf und ab und drunter und drüber! Aber um das zu kapieren nutzt mir dein asiatische Schnickschnack mit Sicherheit auch nix!« Selbstsicher antwortete er: »Natürlich! Pass auf ... ich nenne dir jetzt einfach die wichtigsten Yin- und Yang-Regeln, und du sagst, was dir in Sachen ›Eintracht‹ dazu einfällt. Du wirst sehen, es passt! Also, Regel Nummer eins: ›Yin und Yang treten immer gemeinsam auf, niemals isoliert, und lösen immer wieder einander ab!‹.« Ich überlegte kurz. »Okay, das könnte dafür stehen, dass es in einer Saison nie nur gut oder nur schlecht läuft. Und das werden dir sämtliche Eintracht-Fans nur bestätigen! Das war hier schon immer ausgeprägter als woanders! Nimm mal nur die bisherige Saison. Die Eintracht hat super mies begonnen, war Letzter! Dann das KSC-Spiel, danach 'ne Reihe guter, gewonnener Spiele, z. B. in Cottbus oder Gladbach ... und kaum haben wir ein bisschen von besseren Zeiten geträumt, kam die Klatsche in Dortmund. Dann das 4:0 gegen Hannover, darauf die Packung in Bremen, dann ...« »Siehst du! Da passt es schon mal! Nächste Regel: ›Auch das einzelne Individuum, und sei es noch so phänomenal, trägt stets beide Seiten in sich‹.« »Das stimmt, das sieht man an Caio! Der ist ja quasi Yin und Yang in einem! Ob jetzt auf'm Platz oder auf der Waage ... bei dem geht's ruff, runner, ruff, runner ... Ich bin mal gespannt, ob der nach der Winterpause nicht wieder in der Kabinentür steckenbleibt, weil ihn seine Verwandten über Weihnachten wieder mit brasilianischen Marrom Glace Por (besonders kalorienhaltigen Leberwurst-Keksen!) gemästet haben! Wahrscheinlich rollen sie ihn zum ersten Training ...« Stefans strenger Blick stoppte mich abrupt. »Weiter geht's ... Regel Nummer drei: ›Yang ist die aufbrausende Emotion, Yin ist das stille in sich Hineinschauen‹. Na ...?« »Alles klar ... damit sind Patrick Ochs und Oka Nikolov gemeint! Der eine neigt ab und zu dazu, übersprungshandlungsmäßig den Rasen umzupflügen, während der andere genau in dem Moment, in dem der Gegner aufs Tor schießt, sich urplötzlich in sich selber kehrt, um seine innere Mitte zu finden!«

Eindringlich sah mir Stefan in die Augen »Und jetzt die letzte und wichtigste Regel ... ›Yin und Yang erschaffen letztendlich immer gemeinsam etwas Großes ...‹.« Hm ... was Großes fiel mir erstmal nicht ein, und wenn, lag es schon länger zurück.

Aber dann verstand ich es, und ein Gefühl des Glücks durchflutete meinen Fußballfankörper. Denn da das hier ja alles tatsächlich zu stimmen schien, konnte das letztendlich ja nix Anderes heißen, als dass wir nach all den Auf und Abs, nach den vielen schwierigen Jahren in absehbarer Zeit doch noch mal Meister werden würden ...! Ich sprang auf, um mein verblüfftes Gegenüber so innig in die Arme zu nehmen, wie es sonst nur Mütter tun, wenn ihre Söhne gerade gesund aus dem Krieg oder zumindest aus dem Landschulheim zurückgekommen sind! Aufgeregt rief ich: »Dann war Rostock damals ja doch für was gut ...!« Freundlich, aber bestimmt befreite sich Stefan aus meiner hysterischen Umklammerung.

»Ist ja in Ordnung, Henni, jetzt setz dich erst mal wieder hin, trink deinen Tee und beruhige dich! Du siehst, ich hatte recht, stimmt's?« Bewundernd nickte ich ihm zu. »Hier ... schenk ich dir ...« Er griff in einen kleinen Karton auf der Ladentheke und holte ein Amulett hervor, auf dem sich zwei Kreise befanden, deren aneinander geschwungene

Hälften jeweils in sattem Schwarz und Weiß leuchteten. »Das sind die Symbole von Ying und Yang! Die sollen dir Glück bringen!«

Fasziniert starrte ich auf das Schmuckstück. »Schwarz und weiß ... wie die Eintracht!«, flüsterte ich ergriffen, um im nächsten Moment auch schon »Schwarz-Weiß wie Schnee« von Tankard zu summen. Und dann passierte es. Ohne es steuern zu können, begann ich hemmungslos vor Glück zu weinen. Ja, plötzlich fiel alles von mir ab, alle Sorgen schienen sich in Luft aufzulösen. Klar, diese Hinrunde war seltsam und achterbahnartig gewesen! Dieser hochemotionale Konflikt zwischen Funkel-Gegnern und Funkel-Befürwortern! Diese unglaublich vielen verletzten Spieler! Gekrönt vom tragischen Drama um unseren griechischen Helden beim Spiel gegen Karlsruhe, das dank Madonna (Gott schütze sie!) zum Glück auf einen psychologisch superguten Zeitpunkt verschoben worden war! Und dann noch dieses gerade erst hinter uns liegende Hin und Her zwischen Saunagang und Kältebecken!

Aber urplötzlich, liebes Tagebuch, war all das nicht mehr als der viel zitierte Schnee von gestern! Denn was sollte jetzt noch schiefgehen? Schließlich saß ich mitten in einem Esoterikladen, umgeben von diversen Traumfängern und Tarotkarten, umnebelt von einer Duftmischung aus Teebaumöl und Kümmelkerzen, und in der Hand den vermutlich besten Glücksbringer aller Zeiten!

»Jetzt wird alles gut«, hörte ich mich selber flüstern, während ich die Teetasse ansetzte. »Die Rückrunde wird der Hammer!«

Jess, wi känn!

Die Rückrunde beginnt mit einer Niederlage, die Mut geben kann und sogar ein klein wenig über das Mittelmaß hinaus schauen lässt. Hertha BSC, in diesem Februar 2009 noch hoch gehandelter Titelanwärter, müht sich zu einem 2:1-Sieg gegen eine starke Eintracht, bei der Filigranes und Brachiales »funkelnd« zu harmonisieren beginnen. Aber zunächst mal: Ball flach halten und ein bisschen punkten. Demnächst gegen Köln.

Sag mal, liebes Eintracht-Tagebuch,

erinnerst Du Dich noch an »... schau'n mer mal«? Ja, klar, wie sollte man das auch vergessen? Denn auch wenn das berühmte Beckenbauer-Zitat mittlerweile gefühlte 100 Jahre alt ist, gibt es ja auch heute noch genügend Witzbolde, die das immer noch gerne bei jeder sich bietenden Gelegenheit zum Besten geben! Und dabei gucken, als hätten sie sich diesen hippen Kracher gerade in diesem Moment erst ausgedacht. Ja und als wäre das nie aufhörende Verwursten sprachlicher Antiquitäten nicht schon nervig genug, gibt es, wenn auch in gewissen Abständen, immer wieder auch noch neue verbale Vorlagen. Zitate, die schnell die Runde machen und einem schon bald von jedem Kiosk entgegenschallen. »Yes, we can!« ist z. B. so ein Gassenhauer! Wobei sein weltweites Verbreitungstempo derzeit jeden noch so heimtückischen Computervirus locker in den Schatten stellen dürfte! Egal, wo man auch hinkommt, die Obama-Parole ist schon da!

Vor ein paar Tagen z. B. war ich bei einer Sportveranstaltung im Rhein Main-Gebiet, und kaum hatte der Hallensprecher die wichtigsten Infos zum Besten gegeben, feuert er dem Publikum auch schon ein offensichtlich ernst gemeintes »Yes we can!« entgegen. Wobei die Reaktion dann doch eher verhalten bis null war, denn Sportfans sind ja nicht gleich instinktloser oder doofer, nur weil sie gerade gut gelaunt zusammen in der Kurve stehen. Ein paar Tage später dann die Steigerung! Vor laufenden Kameras versuchte der neue hessische SPD-Chef Thorsten Schäfer-Gümbel doch tatsächlich, seine eh schon so gebeutelten Parteigenossen dazu zu bringen, voller Inbrunst und im Chor die drei magischen Worte zu rufen. Das hatte durchaus schon Ansätze von politischer Folter und dürfte die Parteiaustrittsrate nicht unbedingt gemindert haben! Ich mein', hätte er sie »Des packe mer!« oder so was schreien lassen, dann wäre das standesgemäß gewesen. Aber doch nicht die Amivariante! Und wenn doch unbedingt, dann sollten sie aber konsequenterweise auch den ersten schwarzen hessischen Ministerpräsidentschaftskandidaten stellen. Marc Medlock z. B.! Oder Jimmy Hartwig!

»Killing Elfer? Yes ... I can!!!!«

Als ich schließlich gestern beim Metzger war und die rundliche Dame hinter der Ladentheke ihren Mann im Kühlraum laut rufend fragte, ob er noch mal frisches Hack machen könne, schallte es von hinten zurück »Logo, Magret! du weißt doch ... Jess, ei kään!« Wenn sich also auch derzeit offensichtlich ein großer Teil der

Menschheit weder zu blöde noch zu einfallslos vorkommt, die amerikanischen Vorgabe zu missbrauchen, bin ich trotzdem sicher, dass Friedhelm Funkel das in Berlin nicht gemacht hat! Dazu ist er zu unpeinlich, und außerdem fehlt es ihm zum Glück auch an der dazu notwendigen Neigung zum Pathos! Aber was auch immer er in der Kabine gesagt oder veranstaltet hat, um seine Jungs nach der an Arbeitsverweigerung grenzenden ersten Halbzeit doch noch ins reale Leben zurückzurufen … es war das Richtige! Und womöglich von größerer Bedeutung. Denn auch wenn es letztendlich nicht zum verdienten Punktgewinn gereicht hat, so hat die Mannschaft gegen einen Mitmeisterschaftsanwärter in dessen Stadion eine eigentlich nicht mehr für möglich gehaltene, wirklich gute und vor allem druckvolle 2. Halbzeit abgeliefert und damit uns, vor allem aber sich selbst, ein mögliches Zeichen für die nächsten Wochen gesetzt! Jetzt z. B. kommt Köln, und es wäre außerordentlich nützlich, wenn die Eintracht spielerisch und willenstechnisch genau da ansetzt, wo sie bei der Hertha aufgehört hat. Zum einen, weil die drei durchaus realisierbaren Punkte wichtiges Dämmmaterial zwischen dem kalten Keller und dem beheizten Mittelgeschoss der Tabelle sein dürften. Zum anderen, weil Köln noch einer dieser wenigen Vereine ist, die man mit ein bisschen Glück bis zum 23. Mai doch noch hinter sich lassen könnte. Und selbst wenn Kampfgeist und Spielwitz nicht reichen sollten, kann man diesen Gaga-Club trotzdem besiegen. Gestern habe ich z. B. in einem Faschingsartikelprospekt Lukas Podolski-Masken entdeckt. Und so bekloppt, wie sie in Köln auf dieses Thema seit Wochen reagieren, könnte es bestimmt von Nutzen sein, wenn alle Frankfurter am Samstag so was aufziehen würden. Oder, Tagebuch, kannst Du Dir vorstellen, dass auch nur ein Kölner versuchen würde, sich eincm in den Weg zu stellen, der aussieht wie ihr Messias! Und wenn der dann beim Torschuss noch im kölschen Dialekt ruft: »Jes we känn … sicher dat!«, dürfte eigentlich nix schiefgehen …!

Irrkraut

Na ja, wirklich nur ein bisschen gepunktet: 2:2 gegen den Klub, dessen Star noch nicht Podolski und dessen Trainer noch Daum heißt. Dem sticht die Hybris aus den Augen und purzelt ihm auch aus dem Mund: »Wenn sich jemand wie ich 22 Jahre im Spitzenbereich behauptet, dann ist das nicht ganz normal. Gucken Sie sich die Punkte an, die ich geholt habe. Vergleichen Sie die mit anderen internationalen Trainern, dann sehen Sie, was ich geleistet habe.« Schön, Herr Daum, dann schauen wir mal, was die Herren Wenger, Mourinho oder Ferguson geleistet haben. Dagegen sind Sie ja ein echter ... Neururer? Aber mit Sicherheit kein echter Funkel – und der, so beschließt es der Aufsichtsrat auf seiner im Spessart stattfindenden Sitzung, bleibt bei der Eintracht, und Henni freut sich darüber.

Liebes Eintracht-Tagebuch,

in einem dicken Band mit alten hessischen Sagen gibt es eine Geschichte über einen Bauern aus dem Spessart, der sich in seinem eigenen Kräutergarten verlaufen hatte und nicht mehr in der Lage war, den Weg ins nahgelegene Haus zu finden. Er war nämlich versehentlich barfüssig auf das sogenannte ›Irrkraut‹ getreten. Und das löste bei Hautkontakt eine Art spontaner Orientierungslosigkeit aus, die wiederum eine schlimme unkontrollierbare Verwirrtheit zur Folge hatte. Nun kann ich mich natürlich nicht dafür verbürgen, ob das alles so stimmt ... wer weiß das schon bei einer Sage? Aber es würde mir im Nachhinein eine Menge erklärbar und plausibel machen!

Nehmen wir z. B. den Frankfurter Riederwald. Wenn dort vielleicht jahrzehntelang dieses Irrkraut heimlich und unbemerkt gewachsen ist, zwischen dem Gras auf den Trainingsplätzen, zwischen Steinplatten auf den Wegen, zwischen Betonschichten auf den Parkplätzen, ja vielleicht sogar zwischen der Auslegware in den Büros ... es würde im Nachhinein unglaublich Vieles erklären! Diese Hunderte von Fehlentscheidungen, die vielen unbedachten, ja gehirnfreien Äußerungen von mitunter komplett verwirrten angeblichen »Führungskräften«, sei es bekloppte Präsidenten oder wahrnehmungsgestörte Scheinmanager, oder was sich da noch so alles getummelt hat. All jene halt, die mit vereinten Antikräften unseren Verein immer und immer wieder von einer Sickergrube der Peinlichkeiten in die nächste gezogen haben. Und deretwegen man die Eintracht über lange, lange Jahre im Rest des Landes überwiegend mitleidig belächelt hat wie ein durchgeknalltes Riesenbaby! Ja, Tagebuch, je mehr ich darüber nachdenke, umso sicherer bin ich, dass es genau so war!

Bis einer kam, der das eigentliche Problem aufgrund seiner fußballbotanischen Grundkenntnisse sofort erkannte, und deswegen allen Mitarbeitern erst einmal das Herumlaufen in Slippern oder Sandalen ohne Socken strikt untersagte. Und dann mit dafür sorgte, dass das neue Stadion möglichst bald fertig wurde, um die Geschäftsstelle dorthin zu verlegen.

Von wegen heimlich und unbemerkt ... die Geschäftsstelle am Riederwald in ihrer schlimmsten Phase ...

Kaum war das geschehen, ließ er die alte, mit allem was dazu gehört, abreißen, und bei der Gelegenheit das fiese Irrkraut gleich mit vernichten! Seitdem ist Ruhe! Und auch im Spessart scheint es nicht mehr zu wachsen. Aber selbst wenn … der Wille zur Vernunft dürfte momentan in diesem Verein einfach zu stark sein, als das diese heimtückische Pflanze z. B. den dort versammelten Aufsichtsrat trotz intensiver Diskussionen von seiner Zustimmung in Sachen Trainer hätte abhalten können. Vermutlich hätten Herbert Becker und die anderen das Zeug sogar rauchen können, es hätte nichts Negatives bewirkt!

Friedhelm Funkel bleibt also ein weiteres Jahr, und dass ich das gut finde, ist aufgrund meiner Kolumnentätigkeit an dieser Stelle hier ja kein Geheimnis. Außerdem bringt diese Entscheidung ein paar hübsche Nebeneffekte mit sich. Heribert Bruchhagen z. B. wird sich bestätigt fühlen und besser gelaunt sein denn je. Was wiederum alle die freuen dürfte, die tagtäglich in seiner Nähe arbeiten. Und da Funkel bleibt, bleibt auch Armin Reutershagen! Und der dürfte unbestritten zu den besonders guten unter den »Co-Trainern« gehören. Dazu kommt, dass die Spieler wissen, woran sie sind, was erfahrungsgemäß auch von Nutzen ist. Ja, und wenn die in den nächsten Wochen weiter so munter und motiviert und vielleicht ein wenig unglücklicher und noch ein bisschen konzentrierter spielen wie gegen Köln, dann haben wir, die Fans, auch was davon. Und das wiederum wird unsere Stimmbänder freuen, weil es für die natürlich viel angenehmer ist, laut die Pippi Langstrumpf-Melodie zu singen, statt unmelodische Sachen wie »Funkel raus!« zu schreien!

Bleiben eigentlich nur die Unsicherheitsfaktoren ›Ungeduld‹ und ›Größenwahn‹, die ja viele Hessen von Natur aus tief in ihrem Wesen verankert haben! Ob jetzt mancher Fan oder auch der ein oder andere Sportjournalist … das gebetsmühlenartige Dauerzitieren vom schlimmen, schlimmen Niemandsland der Tabelle und das Einfordern einer internationalen Wettbewerbsteilnahme ist schlicht und einfach realitätsfremd. Was nicht heißt, dass unsere Eintracht nicht noch Luft nach oben hätte … ich bin sicher, sie hat! Aber wir sollten nicht vergessen, wie fies das letzten Sommer mit dieser Melange aus unerklärbarer kollektiver Verunsicherung und permanentem Verletzungspech angefangen hat.

Trotzdem sieht es zur Zeit insgesamt wieder ganz gut aus. Wir werden ziemlich sicher nichts mit dem Abstieg zu tun haben, und wir wissen, dass es in diesem Verein eine Menge guter Leute gibt, die sich ihre Köpfe dafür zerbrechen werden, damit es in Zukunft weiter Stück für Stück noch besser wird. Und das war zu Zeiten des Irrkrauts nicht immer so. Deswegen schlage ich allen Eintracht-Fans inklusive mir selbst einfach mal vor … lasst uns zur Abwechslung einfach mal genießen, dass es weg ist!

Offener Brief an die DFL

Immer wenn gerade ein bisschen Hoffnung auf einen Hauch von außergewöhnlicheren Zeiten aufkeimt, gibt es was auf die Mütze. Dann hängen die Köpfe, und aus dieser Perspektive sieht man nur noch abstiegsbang nach unten.

Ein 0:2-Nackenschlag, ausgerechnet von Magath und VW Wolfsburg! Dieser Werks-Klub kann Millionen raushauen wie Hypo Real Estate die Milliarden, während Bruchhagen jeden Tausender dreimal umdrehen muss. Dennoch erwarten die Fans Siege gegen VW. Die Quadratur des Kreises ist dagegen ein Kinderspiel. Das muss sich grundlegend ändern, fordert Henni.

Sehr geehrte Damen und Herren von der DFL,

hiermit möchte ich Sie um einen großen Gefallen bitten! Doch bevor ich konkret werde, möchte ich Ihnen erst einmal meine Beweggründe für dieses Bittschreiben erklären.

Seit meiner Kindheit bin ich ein leidenschaftlicher Fan von Eintracht Frankfurt! Das muss schon im Babyalter angefangen haben, denn meine Mutter erzählt heute noch, dass ich nur in rot-schwarz gestreiften Strampelanzügen durchgeschlafen habe! Das hat sich auch nach mehreren Jahrzehnten nicht geändert ... also nicht das mit den Strampelanzügen ... aber das mit meinem Fansein! Und jetzt komme ich auch schon zum Wesentlichen! Für uns Eintracht-Fans ist 2008/2009 einfach eine saublöde Saison! Erst kamen die Jungs überhaupt nicht in die Gänge, sodass wir schon allesamt voll die Panik geschoben haben und uns wegen der daraus resultierenden Trainerdiskussion untereinander fast zerfleischt hätten. Dann hatten sie mehr Verletzte als die Karthager seinerzeit bei ihrem Kampf gegen die Römer! Vor manchen Spielen musste ich erst mal im Sonderkicker nachgucken, wer da überhaupt noch vom Kader übrig war und zur Verfügung stehen könnte!

Aber dann war die Hinrunde rum, und die Mannschaft und vor allem ihr Trainer hatten aus einer echt fiesen Situation noch das Beste gemacht, kleine Siegesserien hingelegt und den Abstiegskampf anderen überlassen. Also waren wir in der Winterpause erst einmal zufrieden, zumal wir natürlich gehofft hatten, dass jetzt viele der Verletzten zurückkommen und wir die Liga noch ein bisschen aufmischen würden. So kann man sich dezent irren! Statt dass unser Optimismus in Sachen Rückrunde gleich mal ordentlich Nahrung bekommt, gab es gleich zum Auftakt erst diese komische, ambivalente Niederlage in Berlin, dann das doofe Unentschieden gegen Köln mit diesem lächerlichen Platzverweis für Chris, der dummerweise auch noch zu unseren Besten gehört! Ja, und jetzt das fiese 0:2 gegen diesen Werksclub und seinen Dauergrinstrainer.

Was war das denn übrigens bitteschön für ein Elfmeter? Soll sich unser Elefant lieber die Stoßzähne rausschießen lassen, nur damit der Herr Schiri zufrieden ist?! Und was ist mit den Attacken auf Fenin? Auch wenn er gerne mal fällt, waren das trotzdem echte Fouls! Muss er erst tot liegen bleiben, bevor es dafür Strafstoß gibt? Bei der Gelegenheit ... das mit Ihren Schiedsrichtern sollten Sie allgemein nicht zu sehr auf die leichte Schulter nehmen, da sind ein paar ganz üble Kandidaten mit dabei!

Wie auch immer ... verloren hat unsere Eintracht unterm Strich leider dennoch verdient. Und für uns Fans ist das alles andere eine gute Saison, und die Perspektiven sind auch eher so lala. Die Mannschaft ist, auch mit den wieder Genesenen, anscheinend einfach nicht in der Lage, Spiele wirklich an sich zu reißen! Manchmal wirkt die Truppe wie bekifft, freundlich und ohne jegliche eigentlich notwendige Aggressivität! Nach ›obbe‹ (wie wir Hessen gerne sagen!) geht also im Moment nicht viel, und nach weiter ›unne‹ (sagen wir auch gerne!) wollen wir natürlich nicht ... was aber leider nicht wirklich auszuschließen ist. Deswegen möchte ich Sie hier und jetzt inständig darum bitten, die laufende Saison unmittelbar zu beenden! Das würde bei uns Eintracht-Fans enorm den Druck rausnehmen. Außerdem wäre dann Hertha BSC Deutscher Meister. Was zwar in der nächsten Champions-League das Vorrunden-Aus bedeuten würde … aber lustig wäre es allemal. Stellen Sie sich doch nur mal das Gesicht von Uli Hoeneß vor! Die Vereine, die international noch dabei sind, können da ja noch mitkicken. Und von mir aus kann man auch den DFB-Pokal noch zu Ende spielen, der interessiert uns eh nicht mehr!

Aber ansonsten kann es aus unserer Sicht in der nächsten Saison einfach nur besser werden, also sollte man ein paar Wochen warten und dann von vorn anfangen!

Ich danke Ihnen für Ihr Verständnis und hoffe, auch im Namen meiner Mitfans, dass Sie meinem Anliegen noch diese Woche nachkommen!

Hochachtungsvoll!

Hendrik Nachtsheim

Hauptsache bunt!

Dickes Caio, braves Kind. Vielleicht wird aus dem Mädchenfußballer doch noch der Supermann, den romantische Fans herbeisehnen. Bis zu seinem 1:0-Siegtor in Karlsruhe guckte der liebe Junge ein Jahr lang wie E. T., wenn der »nach Hause telefonieren« wollte. Jetzt strahlt er. Caios Tor war ja auch wirklich Marke »ff« – feines Füßchen.

Knallgelb, liebes Eintracht-Tagebuch, knallgelb!

Dabei wollte ich meinen Kumpel ›Brocken‹ eigentlich nur mal kurz besuchen, um zu fragen, ob er seine wochenlange Erkältung endlich auskuriert habe. Und jetzt stand er da in der Tür, ein Glas Caipirinha in der Hand und seinen Alabasterkörper in ein mindestens drei Nummern zu kleines grellgelbes Fußballtrikot gezwängt, unter dem er erstaunlich elegant seine Hüften kreisen ließ. Übermütig grinste er mich an. »Weißte, was des is..?« »Natürlich weiß ich, was das ist! Das ist das brasilianische Nationalmannschaftstrikot … !« »Und weißte auch, warum ich des …?« »Weil Caio uns in Karlsruhe zum Sieg geschossen hat!« unterbrach ich ihn. »Genau! Unsern Caio! Ich hab's immer gesagt, der macht uns noch alle glücklich!« »Brocken, sei mir nicht böse, aber schließlich ist er dafür ja geholt worden. Und auch wenn das ein schönes und wichtiges Tor war … überragend war er trotzdem nicht!« »Oh, de Herr Super-Kritiker muss immer alles kaputt reden … statt dass de dich mal freuen tust! Weißte, warum der immer noch so unbeständisch is? Weil Leut wie du immer am Mosern sind! Und des verträgt de Brasilianer net so gut, weil er dadefür von Natur aus zu sensibel is! In Brasilien hüppe nach jeder Länderspielniederlage mehr Mensche in de Tod als bei uns im Sommer Leut vom Dreier!« Auch wenn mir das dezent übertrieben schien, wollte ich dennoch später mal nicht als der gelten, der Caio durch ständiges Gemecker in den Suizid

Warum auch immer … Frankfurter Ultras provozieren zeitweiligen Spielabbruch …

getrieben hat. »Also gut, dann halt ich ab sofort die Klappe und drück ihm stattdessen einfach mal die Daumen, okay?« »Akzeptiert! Willst du en Caipi?« »Gleich! Ich muss erst noch was wissen. Weil ich dich grad in dem gelbe Trikot sehe … was hat das denn mit den grellen Klamotten auf sich, die die Ultras in Karlsruhe getragen haben? Dein Cousin Rainer ist doch auch bei denen? Hast du den mal gefragt?« Brockens Grinsen ließ schlagartig nach. »Hab ich … aber so richtisch konnte er mir's auch net erklären. Er sagt, es hätte was mit so 'ner Art Spezialaktion zu tun. Dazu müsste halt alle orangene Sache tragen und ordentlich Stimmung mache, bissi bengalisches Feuersche und so …« »Verstehe. Aber irgendwie musste ich sofort an die Nürnberger Fans denken, die uns letzte Saison so genervt haben!« »Ging mir ähnlich. De Rainer sagt, er hätte aber auch gehört, dass das alles auch an ›Clockwerk Orange‹ erinnern solle … was ja jetzt gewaltmäßig net grad en harmlose Film ist …! Und des is natürlich net gut …!« »Moment«, erwiderte ich, »›Clockwerk Orange‹ ist ein super Film!« »Was?« »Na klar, der verherrlicht ja Gewalt nicht, sondern entblößt sie! Sonst hätte Stanley Kubrick ja nicht so viele Preise dafür bekommen! Ich mein', wenn die Ultras an so einen Film erinnern wollen, dann ist das doch aller Ehren wert!« Brocken betrachte mich jetzt wie einen Irren unter Drogen. »Hast du se noch alle?« »Nein, überleg doch mal! Wenn die Ultras das jetzt immer machen würden, das wär doch gut!« »Was ›machen‹?« »Na, wenn die sich jedes Wochenende einen großen, wertvollen Film als Motto vornähmen!« »Hä?« »Ja! Das nächste Mal würden sie z. B. an ›Der mit dem Wolf tanzt‹ und so an die Unterdrückung der Sioux erinnern! Natürlich als Indianer verkleidet! Das wäre automatisch ein Signal gegen Fremdenfeindlichkeit im Stadion!« »Des meinst du net ernst, oder?« «Doch! Was glaubst du, wie geil das aussähe! Und beim übernächsten Spiel schminken sie sich alle schwarz und gedenken so ›Mississippi Burning‹, der sich mit dem üblen Rassismus in den USA beschäftigt hat!« »Alles klar! Und danach ziehen sie hellbraune Fellkostüme an und erinnern an das schwere Leben von Bambi!« Ich ignorierte seine ironische Bemerkung. »Ich sag dir, Brocken, geeignete Filme und Botschaften gibt es genug! Und weißt du was? Wenn sie das konsequent durchziehen würden, dann würden sie unseren Ultras Ende Mai den Preis für die kreativsten Fans der Saison verleihen! Noch vor denen von St. Pauli. Und

weshalb sich Markus Pröll als Mediator zum Zaun begibt …

die gelten, wie du weißt, als extrem originell!« »Und du meinst, des würden die mache …?«»Diejenigen, die unseren Verein nur dazu benutzen, ihr Gewaltpotenzial auszuleben, natürlich nicht. Aber für die, die unseren Verein wirklich so lieben wie du und ich, wäre es doch eine echte Alternative zu so einfallslosen Geschichten wie Feuerwerkskörper auf Spieler zu werfen oder Autos zu beschädigen! Was hindert einen denn daran, für seine Mannschaft abzugehen wie'n Zäpfchen und gleichzeitig gut drauf zu sein?«

Brocken nickte jetzt grinsend. »Stimmt! Des wär ma was! Und für Samstag hätt ich auch schon 'en Vorschlag. Kennst du noch den Film ›Duell im Zwergenland‹.« »Nein, kenn ich nicht. Wie ist der?««Der is gut! Da werden diese kleinen blau-weißen Schlümpfe bei einem Wettstreit von so rot-schwarzen Wichteln besiegt …« »Hab ich zwar noch nie von gehört, geschweige denn gesehen … aber zum Schalkespiel würde es gut passen!« »Sag ich doch! Jetzt en Caipi?« »Logo! Auf Samstag!« »Uff Samstag!«

dort aber wieder weggeschickt wird, weil er nichts Orangenes trägt!

Der kleine Unterschied

Schalke, im Jahr vor Magaths Rundüberholung alles andere als eine Übermannschaft, gewinnt in Frankfurt mit 2:1, was Henni sehr missfällt, denn die Mannschaft zeigt trotz Funkels erfreulich stürmischer Aufstellung eine peinlich flautenhafte Einstellung. Immerhin nicht ganz so peinlich wie Boris B., der ein paar Stunden später in »Wetten, dass« seiner Braut ein oberpeinliches Hochzeitsversprechen gibt. Ist das ein Trost? Nein.

»Blau ist noch lange nicht blau!«

Es ist zwar schon ein paar Jahre her, liebes Eintracht-Tagebuch, aber ich erinnere mich noch ziemlich gut, wie ich in dieser Kunstausstellung etwas ratlos vor zwei jeweils einfach nur komplett dunkelblauen Bildern stand, und ein älterer Herr genau das zu mir sagte. Und um es mir dann noch etwas detaillierter zu erklären. »Diese Bilder gehören zu einer Kunstform namens Monochromismus!« »Aha«, murmelte ich nickend, obwohl ich eigentlich nix begriff! »Ich weiß, was Sie denken! Auf den ersten Blick mögen Ihnen die Bilder einfach beide nur blau erscheinen ... aber je länger und intensiver Sie in sie eintauchen, umso mehr feine Unterschiede werden Sie erkennen und so auch den künstlerischen Wert dieser Werke begreifen!« Da mein Gesichtsausdruck aber immer noch von regen Zweifeln gezeichnet schien, argumentierte er weiter. »Schauen Sie, was auf dieser Welt ist denn schon identisch gleich? Zwillinge? Natürlich nicht! Eine Mutter wird niemals ihre Kinder verwechseln, nur weil sie am selben Tag zur selben Stunde zur Welt gekommen sind! Und kein Baum in einem Wald sieht aus wie der andere. Ja, selbst Reihenhäuser sehen nie hundertprozentig gleich aus! Es gibt immer den kleinen, feinen Unterschied! Achten Sie mal drauf!« Dann ließ er mich mit den beiden blauen Kunstwerken allein.

Ich bin mir mittlerweile nicht mehr wirklich sicher, ob mir in den Minuten danach bei deren eingehender Betrachtung tatsächlich plötzlich bestimmte Unterschiede aufgefallen sind oder ob ich mir das eingebildet habe, aber dennoch hat seine Theorie meine Wahrnehmung bis heute geprägt.

Nichts ist wirklich gleich! Und das gilt nicht nur für Dinge, die man sehen kann, das gilt auch z. B. für Gefühle oder Stimmungen! Bevor das zu esoterisch klingt, gebe ich Dir ein Beispiel! Dieses Wochenende war ich zweimal enttäuscht.

Erst am Samstag, dann am Sonntag! Die Gründe dafür könnte man jetzt durchaus als fast gleich bezeichnen. Denn in beiden Fällen war ich live mit dabei, als zwei von mir hochgeschätzte Mannschaften ihre Heimspiele verloren. Zunächst die Eintracht gegen Schalke, tags drauf die Frankfurt Lions gegen Nürnberg. Und in beiden Fällen waren es, sportlich gesehen, durchaus schwerwiegende Niederlagen. Denn für die einen bedeutet das erst einmal die offizielle Rückkehr in den Abstiegskampf, der beim Blick auf die nächsten Wochen nicht unbedingt zu einer lockeren Angelegenheit werden dürfte.

Und für die anderen bedeutet es das vorläufige Nichterreichen der so heiß begehrten Play-off-Plätze, die man jetzt über ausgesprochen nervige Qualifikationsspiele erreichen muss, die auch noch überwiegend auswärts stattfinden! Nimmt man also beides, könnte man sagen: blödes Wochenende, gleich zwei Enttäuschungen. Bis dahin stimmt das, aber eben auch nur bis dahin. Denn komischerweise fühlen sich diese beiden Enttäuschungen nicht gleich an! Am Sonntag in der Eissporthalle hat zwar die sportliche Konsequenz meine Fanseele betrübt, nicht aber die Mannschaft! Denn die hat meiner Meinung nach wirklich noch mal alles gegeben, vierzig Mal auf's Tor geschossen (!), und uns bis unmittelbar zur Schlusssirene ein großes intensives Kampfspiel geboten! Letztendlich hat ihnen ein bisschen das Glück des Tüchtigen und manchmal auch die Coolness gefehlt, aber sauer konnte keiner von uns sein.

Und das macht den Unterschied zum Samstag aus. Das war von »alles geben« meilenweit entfernt, es wirkte mitun-

Und als ob es nicht reichen würde in Frankfurt zu gewinnen, entwendet Rafinha genau in dem Moment, in dem Fenin eine Mücke zerquetscht, mit einem raffinierten Handgriff dessen Trikot …

ter so, als wäre es vielen Spielern letztendlich gar nicht wirklich bewusst, was sie dem Verein, der sportlichen Situation, sich selbst, und vor allem auch diesem Publikum eigentlich schuldig sind! Oder ihrem Trainer, dessen offensive Aufstellung ja auch eine Art von Vertrauensbeweis war! Weißt Du Tagebuch, nicht dass ich kein Verständnis für die immer noch lange Liste der Verletzten und die insgesamt nicht einfachen Umstände habe … aber eben genau deswegen, hätte ich mir mehr Willen gewünscht! Mehr Biss! Mehr Bereitschaft, verlorene Bälle wieder zurückzuholen, mit welchen Mitteln auch immer. Die Hingabe, den ein oder anderen technischen Mangel durch Körperpräsenz auszugleichen. Zumal Schalke, gemessen an seinen eigenen Ansprüchen und der ständig großen blau-weißen Klappe, wirklich alles andere als eine unbezwingbare Spitzenmannschaft oder gar eine spielerische Offenbarung war! Im Gegenteil!

um es kurz drauf frech und wie selbstverständlich zu tragen!

Und deswegen kann ich meine Samstagsenttäuschung nicht mit meiner Sonntagsenttäuschung vergleichen! Was dem älteren Herrn von damals mal wieder recht gibt.

Am Samstag spielt die Eintracht in Bielefeld, und auch da scheinen zwei Mannschaften aufeinander zu treffen, die auf den ersten Blick vom Spielvermögen sowie ihren Problemen ziemlich gleich sind. Aber eben nur ›ziemlich‹. Und deswegen, liebe Eintracht-Spieler, zeigt uns, dass es ihn doch noch gibt … diesen kleinen aber feinen Unterschied!

Das letzte Aufgebot

In einem Pokalspiel des Landesligisten ATSV Wattenheim verwandelt der reaktivierte 40-jährige Präsident des Klubs einen Eckball direkt. Kein Glücksschuss, der Mann kann das. Er ist mit drei Treffern auch Bundesligarekordeckballtorschütze.

Name: Mario Basler. Ein Mann für die Eintracht? Nach dem 0:0 in Bielefeld und vor dem Gastspiel des Sensations-Aufsteigers Hoffenheim gehen ihr die Spieler aus, was Henni Albträume bereitet.

Ehrlich, liebes Eintracht-Tagebuch,

damit hatte ich nun doch nicht gerechnet. Wie paralysiert starrte ich auf den Zettel in meiner Hand. Ich verstand überhaupt nichts mehr. Völlig verunsichert sprach ich einen wildfremden Mann an, der in der Reihe vor mir saß. »Entschuldigen Sie, aber ich lese gerade die Aufstellung für heute, und ich kapiere es nicht! Das soll die Mannschaft sein, die hier in einer halben Stunde gegen Hoffenheim spielt …?« Er drehte sich um, nickte mir freundlich zu, während er dabei ebenfalls ein Blatt Papier aus seiner Manteltasche zog. »Hab ich auch bekommen. Was verstehen Sie denn daran nicht?«

»Alles! Hier z. B … im Tor mit der Nr. 1 Michael Feick! Ich weiß ja nicht mal, wer das ist!« Als wäre es das Selbstverständlichste der Welt, antwortete er gelassen. »Na, das ist der Eintracht-Pressesprecher!« »Aha! Und wieso spielt der im Tor?« »Weil alle anderen Torleute verletzungsbedingt ausfallen …« »Aha … Und wer ist dieser Martin Stein in der Innenverteidigung?« »Das ist der, der normalerweise im Eintracht-Fanblock per Megafon vorgibt, was gesungen oder gebrüllt wird. Wenn einer Kommandos geben kann, dann doch er.« »Und wieso spielt Friedhelm Funkel selber auch mit? Hinten rechts!« »Was soll er denn machen, wenn alle Abwehrspieler verletzt sind? Und mit der Blutgrätsche ist es wie mit dem Fahrradfahren … das verlernt man nicht!« »Okay, aber wer sind die beiden anderen Abwehrspieler? Wer ist denn z. B. Rudolf Köhler?« »Das ist einer von den Fanbeauftragten. Auch clever! Wenn die Abwehr schlecht spielt, kann er sich später im direkten Gespräch bei den Fans dafür entschuldigen!« »Und Christian Maresch?« »Der ist aus der Merchandiseabteilung. Keine Ahnung, ob der kicken kann, aber ich bin sicher, dass er während des Spiels mindestens zehn verschiedene Trikots aus der aktuellen Kollektion tragen wird! Werbetechnisch brillant!« Ich starrte weiter fassungslos auf die Aufstellung. »Spinn ich, oder spielen im Mittelfeld tatsächlich Heribert Bruchhagen, Thomas Pröckl und Klaus Lötzbeier? Das ist doch der komplette Vorstand! Ich mein', die haben doch vermutlich alle ewig keinen Ball mehr getreten« »Selbst wenn! Strippenzieher bleibt Strippenzieher! Und bevor sie ganz ohne Mittelfeld spielen, dann doch lieber so! Auf der Bank sitzt übrigens noch Heiko Beeck, der war bis letztes Jahr auch im Vorstand!« Aufgeregt las ich weiter. »Hmm, Präsident Peter Fischer im Sturm kapiere ich ja noch. Der spielt vermutlich Mittelstürmer, weil er so groß ist …« »Genau! So'n langer Schlaks nickt immer mal einen rein! Und Herbert Becker, der vom Aufsichtsrat, ist neben dem Spielfeld ausschließlich dafür zuständig, mit seinem ernsten Gesichtsausdruck den vierten Schiri zu verunsichern!« »Gut … aber wer bitteschön ist denn Hansi Knötzinger?!«

»Kennen Sie den nicht? Der steht sonst mit seinem Brezelkorb hinter der Gegengrade. Spielt heute Linksaußen« »Und Willi Knötzinger?« »Sein Bruder!« »Verkauft der auch Brezeln?« »Nein, der arbeitet für die Sanitärfirma, die die Stadiontoiletten betreut! Der spielt auf rechts!« »Klar, logisch, wenn einer hier das Klopapier austauscht, kann er ja ruhig auch mal Rechtsaußen spielen …!« Ein letztes Mal blickte ich gebannt auf den Zettel »Wer ist denn Matze Thoma?« »Das ist der Leiter des Eintracht-Museums!« »Und wieso ist der plötzlich Trainer?« »Na, keiner kennt sich bezüglich der Eintracht-Historie besser aus als er. Also kann er der Mannschaft wunderbar erklären, welche Fehler in der Vergangenheit schon alle gemacht worden sind, und wie man sie heute vermeiden kann!« Wie betäubt starrte ich ihn an. »Und wieso wissen Sie das alles?«

»Ich bin der für Deutschland zuständige Spielerbeobachter vom FC Barcelona. Da muss ich natürlich über jeden da unten genauestens informiert sein!« Ungläubig schüttelte ich den Kopf. »Ja, aber von denen, die heute spielen, wird doch für einen Verein wie Barca keiner in Frage kommen ...!« »Das würde ich nicht sagen. Die Knötzinger-Brüder haben beim Aufwärmen einen guten Eindruck gemacht. Und Spieler, die zudem noch Brezeln mitbringen oder sich mit Toilettenkästen auskennen, sind in Spanien Mangelware! Außerdem ...«, er machte eine bedeutungsvolle Pause ...,

»Komm schon Trainer, bring mich endlich!«

»… und dann hab ich den Typ genauso abgegrätscht wie früher. Ich sag dir, Bernd, das macht immer noch Spaß!« »Des hat man dir angesehen, Friedhelmsche. Der ist ja locker drei Meter weit gesegelt …«

»… soll in der Halbzeit ja noch eine Art ›Geheimwaffe‹ eingewechselt werden … !« »Ach ja? Wer denn?« »Die Mutter von Patrick Ochs. Muss ein Riesentalent im defensiven Mittelfeld sein …!« Ich war gerade dabei, hysterisch lachend zusammenzubrechen, als ein Klingeln mich daran hinderte. Ich öffnete die Augen und starrte irritiert auf den Wecker neben meinem Bett.

Klar, Tagebuch, dass mich die Verletzungsmisere der Eintracht beschäftigte, wusste ich ja. Aber so sehr, dass sie mich schon im Traum verfolgte …! Kurz drauf setzte ich mich mit einer Tasse Kaffee an den Küchentisch. Vor mir die Zeitung. Ich beschloss, sie zu ignorieren. »Ich will gar nicht wissen, wer sich gestern noch alles verletzt hat …«, hörte ich mich murmeln, »… ich will nur mindestens einen Punkt gegen Hoffenheim! Egal wie! Und egal mit wem!«

Was man von den Engländern so alles lernen kann

Torlos remis gegen Hoffenheim, 1:1 in Leverkusen, gut gespielt, aber wieder nicht gegen eine oben platzierte Mannschaft gewonnen. Wie kann man das ändern? Wie motivieren? Auf Kakerlaken-Art? Für ein hochwissenschaftliches Experiment hat der Psychologe R. Zajonec ein Stadion mit Rundbahn gebaut, auf der er seine Tierchen laufen lässt. Sind die Tribünen mit Kakerlaken-Zuschauern besetzt, laufen die Kakerlaken-Sportler viel schneller als vor leeren Rängen.

Henni kommt auf eine andere, buchstäblich riesige Idee, inspiriert von Urlaubsbeschwerden englischer Touristen. Nicht wegen Kakerlaken, sondern …

Siehste, liebes Eintracht-Tagebuch,

da sage noch einer, die Deutschen seien ein von Natur aus unzufriedenes Volk, das immer nur am Meckern sei …!

Ausgerechnet in England, der selbsternannten Heimat von Coolness Humor, gab es allein letztes Jahr 22.000 (!) Beschwerden von englischen Touristen bei dortigen Reiseveranstaltern bzw. Reisebüros. Einer mokierte sich z. B. darüber, dass der Strand am Urlaubsort zu sandig war, andere wiederum kritisierten die Farbe des Strandsandes, der laut Broschüre eigentlich einen Tick gelber hätte sein müssen. Ungehalten reagierte auch eine Familie im Nachhinein auf ihren Badeurlaub am Meer: »Niemand hatte uns gewarnt, dass im Wasser Fische sein würden. Die Kinder waren ganz verschreckt.«

Erstaunlich oft scheinen den englischen Reisenden übrigens offenbar die jeweiligen Gegebenheiten mehr als fremd zu sein. »In Indien gibt es in jedem Restaurant Curry, das ist ja grässlich«, klagte ein Mann aus London, während eine Frau aus Portsmouth forderte »Die Siesta in Italien sollte verboten werden. Ich muss oft zu dieser Zeit etwas einkaufen, und die Läden sind immer geschlossen!« Und nicht nur das, auch ›ungerechte Behandlung‹ macht die Reisenden wütend: »Wir brauchten neun Stunden, um von Jamaica nach England zu fliegen … die Amerikaner nur drei!«

Meine persönliche Lieblingsbeschwerde allerdings ist die eines jungen Mannes, dessen Hochzeitsreise in Afrika anscheinend nicht so gelaufen war, wie er das erhofft hatte. Grund dafür, so argumentierte er, sei, dass er im Rahmen einer Safari das gewaltige Gemächt eines Elefanten gesehen hatte, worauf er sich danach … Achtung … ›unzulänglich‹ fühlte …!

Als ich das alles meinem Freund »Brocken« erzählte, schüttelte der so verächtlich den Kopf, dass sein gewaltiger Körper anfing zu beben wie ein überdimensionaler Wackelpudding. »Selber dran schuld! Ich mein', ich guck ja auch net erst ›Germans next Topmodel‹ und stell mich dann nackisch vor de Spiegel. Und wenn einer zum Fortbewegen 'en Rollator braucht, wird er sich im Fernsehn net unbedingt de

Ob es jetzt am heimlich aufgehängten Foto in der Gästekabine lag oder einfach nur an der guten Form … sowohl den Spielern …

olympische Hunnertmeterlauf reinziehen, oder?« »Stimmt!«, entgegnete ich, um ihn dabei nachdenklich anzuschauen. »Und vielleicht hat unsere Eintracht das in den letzten Monaten auch zu oft so gemacht …« »Was gemacht?« »Na, zu beeindruckt auf die Stärken anderer zu schauen, statt sich ihrer selbst bewusst zu sein. Ich mein', warum haben sie diese Saison ausschließlich gegen schwächer positionierte Teams gewonnen, aber nie gegen eines aus der oberen Preisklasse …?« »Vielleicht, weil die annern besser waren, Herr Oberexperte!« »Ja, aber die anderen aus unserer Etage haben doch auch ab und zu gegen die Favoriten gewonnen!« »Ja, aber dadefür net gegen uns! Und außerdem, Monsieur Pessimist, habbe die Jungs gegen Hoffenheim und vor allem in Leverkusen Punkte geholt, mit dene mer net gerechnet habbe! Und sie ham streckenweise saugut gegen die gespielt! Des is doch schon ma was …!« »Ja, das stimmt, sie scheinen sich zu steigern! Ich will ja auch gar nicht nur meckern. Gegen wen spielen sie eigentlich als Nächstes?« »Zu Hause gegen Cottbus!« Brocken hatte sich mittlerweile vor seinen Computer gesetzt. »Hm«, sagte ich, »die waren hier immer ziemlich unbequem. Hoffentlich geht das gut …«

… als auch Präsident Peter Fischer (hier mit innovativer Kombi aus Gucci-Sakko und Schal vom Odenwälder Hippie-Versand) war es letztlich egal, warum es gegen Cottbus so gut geklappt hat!

»Ich arbeite grad dran«, murmelte er. »Wie denn? Was machst du denn da?« »Ganz einfach«, grinste er, »deine Geschichte von dem englischen Touri hat mich auf eine Idee gebracht …« »Nämlich?« »Ich google grad nach ‘nem Foto von so ‘nem Elefantendingsbums … du weißt schon … was du eben erzählt hast …« »Und dann?« »Ganz einfach! Des vergrößere ich dann auf zwei mal zwei Meter und lass es am Samstag von ‘nem Kumpel, der wo bei de Eintracht Security-Mann ist, in der Kabine von dene Cottbusser uffhänge …!« Ich grinste zurück.

»Damit die sich, sobald die da draufgeguckt haben, genau so unzulänglich fühlen wie dieser Engländer …!« »Genau! Es ist schließlich Abstiegskampf … da darf man net zimperlich sein!« »Wo du recht hast, hast du recht! Rück mal, ich helf dir suchen …!«

Und glaub mir, Tagebuch, das Foto, das wir kurz drauf gefunden haben, dürfte für einen zweistelligen Sieg locker reichen …!

»Arbeitssieg« – ja oder nein?

Turbulente Tage: Podolski, »die weiche Birne mit dem harten Schuss« (Albert Ostermaier, Dichter), ohrfeigt Ballack im WM-Qualispiel gegen Wales (2:0), Bayern München geht in Wolfsburg 1:5 unter (und wird wenige Tage später in Barcelona beim 0:4 noch viel schlimmer vorgeführt). Grafite schießt das Tor des Jahres, es wird schon mit dem legendären unseres Jay-Jays gegen Kahn verglichen, aber der Vergleich hinkt, denn: Okocha, das war klassische Symphonie.

Grafite dagegen eher eine gelungene Jam-Session mit vielen Beteiligten. Jay-Jay tanzte elegant alle aus, bei Grafite taumelten Lell, Ottl, Breno, Rensing (die Namen sind Programm!) tölpelig von alleine, und der abschließende Hacken-Trick kullerte eher zufällig ins Bayern Tor.

Nur die Eintracht bietet in diesen aufregenden Tagen wenig Gesprächsstoff. 2:1 gegen Cottbus, das ist ein typischer A … – nein, wer Hennis Tagebuch liest, wird das Phrasenwort so schnell nicht mehr in den Mund nehmen.

»Arbeitssieg!«

Egal, wen ich am Samstagabend im Rahmen eines Konzertes mit meiner Band auch traf, ob Mitmusiker, Techniker, Jungs vom Veranstalterteam, Besucher … alle kommentierten so auf ein und die selbe Art und Weise das wichtige 2:1 gegen Cottbus.

Natürlich, liebes Eintracht-Tagebuch, weiß ich, was damit gemeint ist, nämlich, dass eine Mannschaft, ohne besonders zu glänzen, eine vermeintlich schwächere besiegt hat. Dass sie Fußball »gearbeitet« hat, statt zu zelebrieren. Aber reicht das tatsächlich aus, um das Spiel vom Samstag zu charakterisieren? Ich persönlich empfand es vor allem als einen Sieg des Willens! Was ja auch genau dem entspricht, was die Mannschaft in den letzten Wochen mehrmals ausgezeichnet hat.

Nämlich Spiele nach einer schwachen 1. Hälfte aus eigener Kraft zu drehen. Außer in Leverkusen, da waren sie eigentlich durchgehend besser ...! Als Friedhelm Funkel nach dem Spiel gefragt wurde, ob die Mannschaft nach Rückständen mittlerweile auch deswegen so gelassen bliebe, weil er ihnen als Trainer eben auch immer Coolness vorlebe, formulierte er das zwar leicht um, gab dem Interviewer aber letztendlich dann doch grinsend recht.

Nein, ich finde der Begriff »Arbeitssieg« trifft für dieses Spiel nicht wirklich zu, überhaupt empfinde ich ihn oftmals als eine zu plumpe und abgedroschene Erklärungsformel!

Ganz abgesehen davon ist es übrigens schon bemerkenswert, dass er immer nur im Zusammenhang mit Sport auftaucht, nie aber im Zusammenhang mit Arbeit! Oder hast Du schon mal gehört, dass die Monteure eines Autoherstellers, nachdem einer von ihnen den letzten fehlenden Außenspiegel am nun vollendeten Neuwagen angebracht hat, jubelnd aufs Fließband gesprungen sind und dort wild hüpfend ihren »Arbeitssieg« gefeiert haben? Oder dass die Schweißer einer Maschinenbaufirma, nachdem sie erheblich zur ertragsreichsten Verkaufssaison des Unternehmens aller Zeiten beigetragen hatten, dafür einen Empfang auf dem Firmenbalkon bekommen haben, um sich dann dort, von Massen umjubelt, noch ins Goldene Mitarbeiterbuch einzutragen? Gab es je Würstchenverkäufer, die nach einem besonders umsatzreichen Tag stolz mit der Gref Völsing-Fahne die Hauptstraße auf- und abmarschiert sind? Oder Kanalarbeiter, die nach der erfolgreichen Beseitigung einer besonders üblen Verstopfung übermütig volle große Weizenbiergläser (mit was auch immer drin) über den Köpfen ihrer Kollegen ausgeleert haben? Nein! Obwohl das ja, genau genommen, die wirklichen »Arbeitssiege« sind!

Am Samstag jedenfalls liegt es vor allem bei den Eintracht-Spielern, dass dieser abgenutzte Begriff nicht erneut überall zitiert wird. Wobei das ja nur dann passiert, wenn die Bayern unsere Jungs einigermaßen knapp und »standesgemäß« schlagen.

Also, Tagebuch, beleuchten wir also noch kurz die anderen Möglichkeiten. Sollte sich der Titelaspirant z. B. nach der Hackentrickhinrichtung in Wolfsburg (und wer weiß, was heute Abend noch in Barcelona passiert ...) in eine Art hysterischen Wiedergutmachungsrausch steigern, würde das vermutlich eine richtige Klatsche für uns mit sich bringen. Keine gute Alternative! Sollte die Eintracht aber, befreit vom Erfolgsdruck bei solch einem Spiel, ihre zuletzt wiederentdeckten Stärken gekonnt einsetzen und den mit Sicherheit immer noch leicht verunsicherten Münchnern gut gelaunt Paroli bieten, könnte das am Ende durchaus einen dieser Punkte bedeuten, die man zu Saisonbeginn gar nicht auf dem Zettel mit dem Plansoll stehen hatte. Und das wäre eine gute Alternative!

Eine sehr gute sogar!

Das Feiern eines Arbeitssieges will gut vorbereitet sein ...

Alte Frankfurter Schule

Die Bayern benötigen dringend Hilfe. Die Eintracht erinnert sich an ihre traditionellen Werte, hilft einem angeschlagenen, verunsicherten Gegner bereitwillig auf die Beine, ein Jesus-Wort barmherzig fußballfehlinterpretierend: Wenn der Gegner schießt und rechts ins Eck trifft, nicht zurückschießen, sondern ihm beim nächsten Schuss das linke Eck hinhalten. Das klappt gegen München gleich mehrmals ganz ausgezeichnet: 0:4.

Ja, liebes Eintracht-Tagebuch,

da saßen wir also in diesem Eissalon, und mein Freund Steffen schien überzulaufen vor Vaterstolz.

»Ich hätt' des nie gedacht, dass mein eigener Sohn mal Psychologie studiert, des ist doch de Hammer! Und was es da alles gibt. Wusstest du, dass die sogenannte angewandte Psychologie zig Unterstufen hat?« »Nicht wirklich, Steffen!« »Wahnsinn! Da gibt es die klinische Psychologie, die Arbeits-, Betriebs- und Organisationspsychologie … zu der wiederum auch die Wirtschaftspsychologie gehört … dann gibt es die pädagogische Psychologie sowie die Verkehrs-, Medien-, Rechts-, Kultur-, Sport- und Umweltpsychologie. Außerdem die politische, die Führungs- und die Gesundheitspsychologie! Ich glaub, des waren alle …« »Nicht alle … eine hast du vergessen, Steffen!«

»Was? Welche denn?« »Die ›Frankfurter Aufbaupsychologie‹!« »Spinnst du?« »Nein! Entwickelt wurde sie bereits 1899! Das war das Jahr, in dem ein paar Leute den ›Frankfurter Fußball-Club Victoria‹ gegründet haben, und das war quasi der Verein aus dem später unsere Eintracht wurde!« Steffen musterte mich mehr als misstrauisch »Aha … und was soll das für eine Art von Psychologie sein … ?« »Ganz einfach. Die haben damals in der Vereinssatzung festgelegt, dass man Fußballspiele nicht nur bestreitet, um zu gewinnen, sondern auch, um sie zu verlieren!« »Was? Was redest du denn da?« »Ja ... denn so könne man anderen Mannschaften in schwierigen Situationen helfen. Und verfassungstreu wie der Frankfurter nun mal ist, haben sich mehr oder weniger alle Spieler, die je ein Frankfurter Trikot trugen, mit bewundernswerter Regelmäßigkeit bis heute an dieses ungeschriebene Gesetz gehalten. Immer wieder gerne mal verlieren gegen vermeintlich schwächere Teams, angeschlagene Tabellenletzte oder Teams, die seit 15 Spieltagen keinen Punkt mehr geholt haben!« »Das gilt aber diese Saison nicht! Gegen hintere Teams hat die Eintracht fast immer gewonnen!« »Das stimmt. Dieses Jahr kümmern sie sich mehr um die neurotischen Patienten aus den oberen Stockwerken. Schalke z. B. neulich ... die waren so mit ihrem Vereinschaos beschäftigt und so schlecht ... trotzdem haben sie hier gewonnen. In Leverkusen den Bayer-Spielern deutlich überlegen, trotzdem nur einen Punkt gemacht. Dass Bellaid kurz vor Schluss statt ins Tor zu köpfen mit einem megakomplizierten Matrixsprung den Sieg versemmelt hat ... alles traditionelle Nächstenliebe!«

Steffen nickte bedächtig. »Ach so, ich verstehe ... Und du meinst gegen Bayern ... ?« »Natürlich! Man kommt ins Stadion, die Stimmung gedrückt, auf der Bayern-Bank graue Wolken um einen künstlich lächelnden Klinsmann, alle scheiße drauf ... da hat sich das alte rot-schwarze Gutmenschgewissen gemeldet und den Spielern gesagt ›Macht erst mal nix. Keine Gegenwehr, keine Konzentration. Wartet einfach, bis ihr 2, 3 Stück gefangen habt ... Die Leute hier werden es euch danken! Und vergesst einfach den Abstiegskampf, des passt scho ...‹!« »Das würde einiges erklären!« »Sag ich doch!« »Ja, aber was ist mit Samstag und dem Spiel gegen Gladbach? Die spielen seit Wochen gut und verlieren trotzdem. Da werden die Eintracht-Spieler doch schon beim Einlaufen vor Rührung weiche Knie bekommen!« »Werden Sie nicht!« »Aha, und was macht dich da so sicher?« »Ganz einfach ... ! Ich hab mir über geheime Quellen sämtliche Handynummern der Spieler besorgt. Und dann hab ich jedem kleine Videos geschickt!« »Was denn für

Das Ergebnis geschickter psychologischer Vorarbeit! Jubel nach dem hoch motivierten Sieg über Gladbach.

Videos?« »Zum Beispiel eines, in dem man sieht, wie Lothar Matthäus Jürgen Grabowski so übel foult, dass der danach nie wieder spielen konnte! Und dann noch eines, wie er unseren grandiosen Harry Karger, damals auch Schädel-Harry genannt, ebenfalls berufsunfähig getreten hat!« »Ich kapiere … und da war er Gladbacher!« »Richtig!« »Und du meinst, das reicht?«

»Sicherheitshalber habe ich ihnen auch noch diese Szene geschickt, in der Frankfurter Spieler nach dem Abstieg ihre Trikots in die Fans geworfen und die sie total wütend wieder zurückgefeuert haben …« »Oh …« »Nennt man auch ›Schisserzeugungspsychologie‹ … frag mal deinen Sohn, der müsste das kennen …!«

Ja, liebes Tagebuch, manchmal kann man gar nicht gebildet genug sein …!

Die Verpackung macht's

Schon am 28. Spieltag praktisch abstiegsfrei und nach dem 4:1 gegen Gladbach aktuell auf dem bestmöglichen Tabellenplatz aller realen Fußball-Welten platziert – das ist ja sooo gotterbärmlich langweilig! Nicht wenige Event-Junkies vom Main wollen einfach nicht clean werden, sie trauern den großen Gefühlen nach, die zum Beispiel einer wie der ehemalige Schatzmeister Rainer Leben (»Wir brauchen einen Michael Jackson auf dem Rasen«) einst geweckt hatte. Und jetzt: Statt Jackson haben wir Bruchhagen und Funkel, das Publikum auf den billigeren Plätzen buht sie aus, wenn Gladbach nicht schon nach ein paar Minuten hinweggefegt wird, und die Herrschaften in den Business Seats, vulgo Firmensitzen (Firma zahlt, ich sitze), mischen beim Funkel-Bashing unmunter mit, statt in memoriam John Lennon nur mit den Juwelen zu rasseln. Eintracht 2009: Auf dem Platz real optimal, im Umfeld irreal wie eh und je. Henni versucht zu vermitteln und zu überzeugen.

Das steht mal fest, liebes Eintracht-Tagebuch,

jemanden über's Ohr hauen will gelernt sein!

In Nairobi sind tatsächlich drei Männer für jeweils sechs Monate im Knast gelandet, weil sie versucht haben, in einer Bar Gallensteine als Edelsteine zu verkaufen! Da aber selbst der abgefüllteste Trinker diesen plumpen Betrugsversuch sofort durchschaute, wurden sie noch vor Ort abkassiert und kurz drauf vor Gericht gestellt!

Und auch wenn diese Aktion schon besonders doof und skurril war, so steht sie trotzdem in der guten alten Betrügertradition, Dinge »wertiger« zu verkaufen, als sie es in Wirklichkeit sind. Und vieles davon funktioniert ja auch nach wie vor. Ob es gepanschte Weine sind, die man mit edlen Etiketten versieht, oder umgespritzte Autos, deren wahres Alter man mit viel Lack und dem Zurückdrehen des

Tachos geschickt kaschiert (was ja auch das Prinzip von Schönheitsoperationen ist). Ob gefälschte Antiquitäten, die in Wirklichkeit einfach nur runtergekommener Schrott sind oder geschickte Nachbauten schweineteurer Armbanduhren, man manipuliert so lange die Verpackung, bis man den Inhalt gar nicht mehr richtig wahrnimmt.

Auch in der Bundesliga hat das mitunter öfter Methode, als uns das lieb sein kann. Das fängt bei der ein oder anderen Berichterstattung im Fernsehen an, in der man uns einen langweiligen Kick als heißblütigen Schlagabtausch verkaufen will, geht über das Hochstilisieren mittelmäßiger Spieler, die eigentlich keine Sau kennt, die man uns aber in einem Atemzug mit Ronaldo oder Messi verkaufen will, und gipfelt bei peinlichen Außendarstellungsversuchen wie z. B. dem von Schalke 04. Denn auch wenn die Blau-Weißen sportlich wieder einigermaßen Fuß gefasst haben, ändert das nichts daran, dass es dort dank einer offenbar durchgehend hochgradig bekifften Vorstandsetage drunter und drüber geht. Absurde Personalentscheidungen, absurde Spielertransfers, absurde Trainerspielchen und ein absurder Präsident rammen das Image des Traditionsvereins seit Jahren dermaßen vehement in den Rasen ihres Bier-Stadions, dass es schon eine wahre Pracht ist. Und während sie das machen, erzählen sie uns gut gelaunt, wie gesund, wie klug und wie sehr »ihr« Club auf dem richtigen Weg ist! Oder nehmen wir Bayern München! Auch dort versuchen sie permanent, ihre dieses Jahr recht durchschnittlichen Weißwürste als Filetspitzen zu verkaufen, und keine noch so abgedroschene Floskel ist ihnen dabei zu blöd. Doof nur, dass es ihnen die Kundschaft nicht so recht abnehmen möchte! Selbst wenn sie am Ende doch noch Meister werden sollten, Souveränität und Klasse sehen definitiv anders aus.

Wobei es übrigens auch noch das Modell gibt, bei dem man die Verpackung absichtlich besonders mies gestaltet, um vom eigentlich guten Inhalt abzulenken. Wenn z. B. Felix Magath nach den Spielen seiner Wolfsburger von seinen Spielern spricht, klingt das mitunter so, als hätten diese das Spielverständnis von Zombies, denen man gerade zum ersten Mal

Mal ehrlich … so groß ist der optische Unterschied dann doch nicht zwischen Gallensteinen und Rohdiamanten. Was die Frankfurter Wahrnehmungsproblematik in Sachen Funkel zumindest erklärbarer macht!

einen Ball vor die fauligen Füße geworfen hat. Da muss man danach dann doch noch mal schnell auf die Tabelle schauen, um sich wieder klarzumachen, dass sie derzeit Erster sind!

Zum Glück gibt es aber auch noch all jene Vereine, die uns in dieser Saison, so oder so, nichts vormachen wollen.

Einer davon … ja, Tagebuch, ich weiß, dass du das auch weißt … ist die Eintracht! Und das sollten wir uns gerade jetzt unbedingt bewusst machen! Weder der Vorstand noch der Trainer haben zu irgendeinem Zeitpunkt, ob jetzt vor Saisonbeginn oder mittendrin den Mund zu voll genommen. Selbst viele der Spieler, und da gibt es ja immer ein paar Laberkandidaten, haben sich zurückgehalten. Keine üppigen UEFA-Cup-Prognosen, keine 45 Punkte plus X Ankündigungen usw. Als hätten sie geahnt, dass das eine unterm Strich wirklich schwierige Saison wird. Seit Samstag ist die Eintracht trotz ihres Dauerlazaretts Elfter und hat damit die beste Platzierung der Saison inne (mit der kleinen, aber angenehmen Begleiterscheinung, dass sie das erste Mal vor Köln steht, ätsch!). Und selbst wenn die Mannschaft diesen Platz aufgrund der nächsten schweren Spiele nicht halten kann, so hat sie uns mit dem 4:1 gegen Gladbach aber zumindest gezeigt, dass sie gut und willensstark genug ist, um mit der insgesamt ungemütlichen Saisonsituation umzugehen!

Wenn trotzdem gerade jetzt jemand im Stadion immer und immer wieder den Kopf des Trainers fordert oder ausgerechnet beim Spiel gegen die Borussia mehr Kampfgeist verlangt, ist das das Ausblenden von Tatsachen, und schlichtweg falsch!! Natürlich stehen in allererster Linie immer Vorstand, Trainer und Spieler in der Verantwortung für den Zustand eines Vereins und die dementsprechende Stimmungslage. Sie sitzen vorne im Boot und müssen dafür sorgen, dass es in die richtige Richtung geht. Aber manchmal … und jetzt ist gerade manchmal … sind auch wir Fans gefordert, die richtigen Signale zu geben. Dass das zur Zeit eine ganze Reihe Leute nicht checken und immer wieder ausblenden, was diese Saison eigentlich für ein mitunter fieser Kraftakt für alle Beteiligten war, ist leider das Gegenteil von klug. Ein Platz in der Sicherheitszone der Liga ist zwar kein Edel-, aber eben auch kein Gallenstein (was für eine geile Klammer!). Statt wie schlecht gelaunte Oppas ständig rumzumotzen, sollten wir einfach versuchen, diese Saison gemeinsam mit einem gewissen Anstand zu Ende zu bringen. Wünschen wir ihnen einfach Glück für das sicher schwere Spiel in Stuttgart!

Hessisch King Kong

Trotz zwischenzeitlicher Frankfurter Aufbauhilfe: Bayern entlässt Klinsmann. Fazit seines Schaffens in München: Er hat alle Hoffnungen enttäuscht und alle Befürchtungen bestätigt. Noch einer wird gefeuert: Lorant beim slowakischen Klub Dunajska Streda, »Beinharts« 16. Trainer-Station. Von dort hatte er der Eintracht den wackeren Leonard Kweuke als »dreimal so gut wie Amanatidis« angedient, was dem jungen Mann das spätere Leben in Frankfurt schwer machte. Ein dritter Trainer, Gegenmodell sowohl von Klinsmann als auch von Lorant, bleibt im Amt, trotz der 0:2-Doppelniederlage in Stuttgart und zu Hause gegen Dortmund. Dazwischen träumt Henni einen Traum.

Weißt Du, liebes Eintracht-Tagebuch,

was ich total mag? King Kong-Filme! Sowohl die älteren, noch in schwarz-weiß, als eben auch die neueren, in Farbe und mit modernen Special Effects ausgestattet. Aber egal wann ich welche Version auch gucke, ich habe eine ganz bestimmte Lieblingsszene. Und zwar die am Anfang, in der die blonde Frau von den Eingeborenen auf einer Art riesigem Altar festgebunden wird, bis sie vom Chef persönlich, also King Kong, abgeholt wird.

In der Nacht von letztem Freitag auf Samstag habe ich diese Szene sogar geträumt, allerdings leicht verfremdet. Statt der Blondine stand nämlich ein kleiner bibbernder Handkäs' auf dem Opferaltar. Die Erde fing an zu beben, große Bäume wurden beiseitegeknickt wie Zahnstocher, und dann kam auch schon das Monster. Allerdings war das in meinem Traum kein XXL-Affe, sondern eine meterhohe, behaarte und sehr Furcht einflößende Maultasche. Die schnappte sich den armen wehrlosen Handkäs' und verschwand mit ihm im dichten Urwald, um sich dort über ihn herzumachen …

Warum auch immer ich diese Version ausgerechnet vorm Spiel der Eintracht in Stuttgart geträumt habe … so schlimm ist es ja in der Realität nicht gekommen. Mit ein bisschen Glück und ein bisschen mehr Abgebrühtheit hätte die Eintracht dort sogar punkten können, und das wäre vollkommen in Ordnung gewesen. Und trotz der Niederlage tat es gut, mal wieder angedeutet zu bekommen, was unter besseren Bedingungen, sprich mit komplettem und vor allem gesundem Kader, vielleicht doch in dieser Saison spielerisch möglich gewesen wäre.

Jetzt kommt mit Borussia Dortmund der nächste Brocken. Und obwohl das Spiel erst am Samstag ist, habe ich bereits letzte Nacht schon wieder etwas geträumt, was möglicherweise … ich betone ›möglicherweise‹ … mit dem Spiel zu tun haben könnte.

Wieder stand dieser kleine Handkäs' auf dem Opferaltar, und wieder fing der Dschungel an zu beben. Erneut wurden Bäume locker weggeknickt, und schon erschien das Monster. Nur dass es diesmal keine Maultasche, sondern eine überdimensionale gelb-schwarze Currywurst war, deren Gesicht eigenartiger Weise dem von Jürgen Klopp ähnelte. Doch dann lief es anders als im Traum letzte Woche. Der Handkäs' starrte nämlich derart entschlossen in die Augen der Currywurst, dass diese unsicher stehenblieb. Plötzlich trat aus dem Dickicht hinter ihm eine große Menschenmenge hervor, alle in rot-schwarzer Kleidung, und laute Anfeuerungen schreiend. Doch gerade als der Handkäs' sich über die Unterstützung freuen wollte, begann ein kleinerer Teil der Menge ihn auszubuhen und Dinge zu rufen wie »Wir wollen dich kämpfen sehn!« oder »dein Trainer muss weg!« … was jetzt eigentlich in dieser Szene nicht unbedingt Sinn machte. Und genau in diesem Moment erschien eine große Wolke über der Menge, deren Schäfchenform sich urplötzlich in den Kopf von Alfred Pfaff verwandelte. Und während die rot-schwarzen Menschen komplett vor Ehrfurcht erstarrten, schüttelte dieser verständnislos sein Haupt. Mit tiefer Stimme wandte er sich an die Buhfraktion: »Sach ma, tickt ihr eigentlich noch ganz rischtisch? Habt ihr net begriffe, um was es grad geht? Mit eurem saubleede Geschrei werds ganz bestimmt net besser, sondern schlimmer! Außerdem hat der Handkäs' des net verdient, der hat nämlich echt viel Pech gehabt in der letzten Zeit! Also hört jetzt gefälligst uff und schaltet euer Hirn ein! Sonst sorg ich dadefür, dass ab der neuen Saison de Heynckes kimmt …!« »Dann zog die Wolke langsam weiter, während die Menge sich vereinte, um gemeinsam die schwarzgelbe Currywurst in den Dschungel zurückzujagen! Und da lächelte der Handkäs', weil er auf einmal wusste, dass er kein wirklicher Loser war und dass es irgendwann demnächst auch wieder bessere Zeiten geben würde …!

Ja, liebes Tagebuch, so Sachen träum' ich in letzter Zeit …

Hilflos in der Warteschleife

Happy-End für einen vitalen 70-jährigen Jungwitwer von der SPD, der eine Endzwanzigerin als neue Liebe vorstellt. Schock dagegen für einen Basketball-Star, bisher ein Mann ohne Skandale: Seine Verlobte wird als Betrügerin verhaftet – hat er jetzt etwas mit Boris Becker gemeinsam: den Samenraub? Nein, nicht immer klappt die Methode.

Unterdessen startet »Boris TV« bei »Bild.de.«, ein neuer Video-Kanal, in dem Becker »den wahren Boris« zeigen will. Wer reinklickt, erlebt den ewig gleichen Boris. In diesem Sinne ähnelt die Eintracht mehr Boris als den Münteferings und Nowitzkis, denn auch bei ihr scheint alles vorhersehbar.

Vor ein paar Wochen, liebes Eintracht-Tagebuch,

habe ich morgens, so gegen 10 Uhr, bei einer Sanitärfirma angerufen. Eigentlich nur, um kurz die Reparatur eines Toilettenwasserkastens in Auftrag zu geben. Es klingelte dreimal, dann erklang grässliche Fahrstuhlmusik! So eine widerlich weich gespülte Instrumentalversion eines eigentlich ziemlich fetzigen Titels von Green Day. Und als wäre das nicht schon Körperverletzung genug, kroch im nächsten Moment auch noch eine supersonore und extrem schleimige Männerstimme durch den Hörer in mein Ohr, um von dort alienmäßig in mein Gehirn zu krabbeln. »Hallöchen, lieber Anrufer. Toll, dass Sie uns angerufen haben! Und noch toller, dass Sie sich für uns entschieden haben! Legen Sie bitte nicht auf. Wir kümmern uns gleich um Sie! Diese Wartezeit ist natürlich gebührenfrei. Der nächste freie Mitarbeiter ist gleich für Sie da, ja, er freut sich schon auf Sie!« Angewidert, aber geduldig setzte ich mich auf einen Stuhl, nippte am Kaffee und lauschte weiter. Kurz drauf begann die Musik, für die man den Produzenten eigentlich mit gutem Gewissen durchaus mal ein paar Monate nach Alcatraz schicken könnte, von vorn, und der Schleimer mit der Pornofilmstimme wiederholte sein gelogenes Gesäusel. Da es mir aber zum einen mit der Reparatur wirklich dringend und ich zudem neugierig war, wie lange es tatsächlich dauern würde, bis ich einen echten Menschen an die Strippe bekam, beschloss ich, durchzuhalten und zu warten. Um die Zeit aber nicht komplett nutzlos verstreichen zu lassen, klemmte ich den Hörer zwischen Ohr und Schulter und fing an, meinen Schreibtisch aufzuräumen. Dann den Esstisch. Dann die Küche. Den Flur. Das Bad. Das Wohnzimmer. Und schließlich mein Auto. Gegen Abend, ich hatte gerade gekocht und gegessen, änderte der Schleimroboter plötzlich seinen Text, sagte auf einmal »Schade, Sie rufen außerhalb der Geschäftszeit an. Versuchen Sie es doch morgen wieder!« ... und weg war er. Und während ich in den Gelben Seiten dringend nach einem Orthopäden suchte, der mir meinen komplett schiefen Hals wieder richten sollte,

Bestimmte Situationen brauchen Geduld ... die der junge Tsoumou offensichtlich nicht hat. Wütend hat er beim Training ein komplettes Tor umgeschmissen, als er erfahren hat, dass er trotz der dünnen Personaldecke erst mal nicht spielt ...

verfluchte ich auf das Übelste den Erfinder der Warteschleifen.

Wieso ich Dir das so ausführlich erzähle? Ganz einfach. Weil ich am Samstag, so gegen 17 Uhr 15, wieder dieses Warteschleifengefühl hatte. Denn wie lange diese Saison auch dauert und wie lange ich auch warte … es tut sich nichts wirklich. Wir verlieren konsequent und konstant gegen alle Mannschaften vor uns, schaffen es aber zumindest, alle hinter uns Postierten zu schlagen. Die Drehtür zum Spielerlazarett ist unverändert in permanenter Bewegung, denn kaum kommt einer raus, geht der nächste rein! Und auch der Abstand zu den Horrorplätzen der Liga wird weder extrem bedrohlich kleiner noch beruhigend größer. So geht das schon seit Wochen. Ob ich deswegen irgendwelche Vorwürfe in mir spüre? Vielleicht unterbewusst? Nein. Diese Saison war einfach nicht besonders nett zu unserer Eintracht. Und so was hinterlässt irgendwann Spuren bei allen Beteiligten. Mental und körperlich. Die Mannschaft hat sich gegen Dortmund durch die Partie geschleppt wie ein angeschossener Cowboy durch die Wüste, der sich zwar alle Mühe gibt, Widerstand zu leisten, bei dem es aber letztlich gerade mal noch zu einem einzigen Schuss reicht, bevor ihm dann kurz vorm Ziel (in diesem Fall einem Unentschieden) doch die Luft ausgeht.

Was uns jetzt bleibt ist einfach die Hoffnung, dass der Cowboy sich bis nächste Woche wieder erholt und mit frischen Kräften (wie z. B. Ochs, Fink oder Inamoto) ins Duell in Hannover geht. Ein Punkt wäre schon hilfreich, drei natürlich noch besser! Denn die würden uns ziemlich sicher aus dieser scheinbar endlosen Saisonwarteschleife befreien. Deswegen habe ich mir Folgendes überlegt! Sollte uns die Eintracht am Samstag tatsächlich von unseren letzten Ängsten erlösen, verspreche ich, wertes Tagebuch, als Gegenleistung und zum Zeichen der Dankbarkeit am Montag dafür noch mal bei dieser Sanitärfirma anzurufen!

Mit Moschus gegen den Abstieg

Vorne wird's eng: Wolfsburg, Bayern, Hertha und Stuttgart trennen nur zwei Punkte. Hinten hat die Eintracht nach einem 1:1 in Hannover sechs Punkte Vorsprung auf einen Abstiegsplatz und fünf Klubs hinter sich. Wer von diesen fünf absteigt, ist Jacke wie Hose. Natürlich außer für Fans in den Jacken und Hosen dieser Klubs. Unsere Eintracht scheint gesichert, und wenn dennoch Vorsichtsfingerchen warnend erhoben werden, dann bannt eben Henni endgültig das Abstiegsgespenst.

Ganz ehrlich, Tagebuch,

ich habe meine Oma geliebt! Dafür, wie sie mit mir sprach, wie sie mich ernst nahm, wie sie mir half, meine regelmäßigen finanziellen Engpässe mit zinsfreien und nicht rückzahlbaren Sonderkrediten zu überbrücken. Und wie sie roch!

Nämlich nach literweise aufgetragenem 4711! Das passte zu ihr so wie ihre zumeist dunkelblaue Kittelschürzen. Das einzige, was ich an ihr nicht mochte, ja regelrecht fürchtete, waren ihre Gute Nacht-Geschichten. Denn kreativ, wie sie ihr Leben lang gewesen war, las sie diese nicht einfach vor, sie dachte sie sich aus. Und zwar ab dem Moment, in dem sie neben meinem Bett Platz genommen hatte. Und ich, der kleine Bub, lag jedes Mal zitternd unter der Decke und betete inständig darum, dass sie wenigstens diesmal das Genre wechseln würde. Was sie natürlich nie tat! Wenn Stephen King überhaupt jemals einen würdigen Vorgänger gehabt hat, dann einen weiblichen ... meine Oma! Und nicht, dass sie so etwas wie einen Spannungsbogen benutzt hätte. Eine kurze Einführung reichte ihr, um schon kurz drauf von irrsinnigen Gespenstern und Geistern zu erzählen, die besonders gut darin waren, Blut fließen und Köpfe rollen zu lassen oder armen Menschen von innen heraus das Gehirn wegzufuttern. Vor allem bei der Gestaltung dieser Gespenster schien sie aus einer unendlichen Quelle morbider Fantasie zu schöpfen. Von durchsichtigen Schwebeheinis mit verfaulten Zähnen über welche mit drei Köpfen in einem Gewand aus schwarzem Glibber bis hin zu patchworkartigen Wesen, die einen Horrorelchkopf auf einem überdimensionalen Salamanderkörper spazieren trugen! Ich glaube, kein Kind hat im Geiste mehr Gespenster gesehen und war zwangstrainierter im Umgang mit Horror als ich damals.

Aber so groß und breit die Palette dieser Wesen auch gewesen war, auf ein besonders unangenehmes hatte sie mich seinerzeit trotzdem mental nicht vorbereitet. Nämlich auf dieses Abstiegsgespenst! Und auch wenn es in seinem »Willkommen in der 2.Liga!«-T-Shirt auf den ersten Blick nicht ganz so grausig aussieht wie seine Kollegen, so beun-

»Was für eine Packung! Und wieso hat das ganze Stadion nach Moschus gerochen ...?« Friedhelm Funkel nach dem 0:5 gegen Werder auf dem Weg zur Pressekonferenz.

ruhigt es mich dieser Tage trotzdem. Zumal es eigentlich schon längst vertrieben sein könnte. Hätten Mahdavikia oder Steinhöfer nämlich in Hannover den Ghostbuster gegeben und ihre Chancen aus der Glasklarabteilung einfach genutzt ... das Abstiegsgespenst könnte uns mittlerweile getrost kreuzweise. Und das kollektive Durchatmen eines kompletten Bundeslandes namens Hessen hätte man vermutlich weltweit anhand eines kurzen aber heftigen Hurrikans gespürt! Aber so, dank diesen Versäumnissen und dank Gladbach, Bielefeld und Cottbus, schwirrt es immer noch um uns rum. Und jetzt kommen auch noch die Bremer, die eigentlich erst gegen Ende der Saison so richtig gemerkt haben, dass sie ein Topteam sind. Leichte Aufgaben sehen anders aus. Aber da ich Dir, liebes Tagebuch, nicht einfach nur die Ohren bzw. die Seiten volljammern will, habe ich in den letzten Tagen gegoogelt, was es so alles an Geisteraustreibungsmöglichkeiten gibt. Eine tatsächlich vorgeschlagene Methode ist z. B. das Anzünden von Moschus-Räucherstäbchen, gekoppelt mit intensivem Gesang. Und das erscheint mir in der Tat weder zu aufwendig noch undurchführbar. Also werde ich noch heute per Anzeigen und in Internetforen alle Eintracht-Fans auffordern, am Mittwochabend diese kleinen braunen Stäbchen mitzubringen, um sie auch noch im letzten Stadionwinkel anzuzünden. Und dass sie so laut und innbrünstig singen wie nie zuvor! Ob der Gestank und unsere Lautstärke das Gespenst dann wirklich direkt vertreiben oder einfach nur dazu dienen, die Werder-Spieler ordentlich aus dem Konzept zu bringen, ist letztendlich egal. Hauptsache wir machen was, damit dieser penetrante Dämon endlich aus unseren Köpfen verschwindet. Und damit endlich wieder Platz in unseren Gehirnen ist für unseren berühmten hessischen Optimismus, der uns dabei hilft, uns auf die neue Saison zu freuen! Ich finde, Tagebuch, das haben wir Eintracht-Fans echt verdient!

Saison 2008/09: Hau endlich ab!

Trotz des Heim-0:5 gegen Bremen und des 0:2 in Bochum ist der Abstieg vor dem letzten Spieltag der Saison 2008/09 kein Thema mehr. Rund um die Eintracht gibt es daher ersatzweise nur noch ein Thema: Funkel.

Paradox, dass ausgerechnet das nüchterne, biedere Anti-Modell eines Showmachers alleine die Show (aus-)macht. Was hätten die Frankfurter Freunde der wild aufschäumenden Aufregung, wenn sie sich nicht über Funkel aufregen könnten? Rein gar nichts. Für Henni ist die Saison bereits beendet. Er hat nur noch einen Wunsch ...

Hallo Saison 2008/2009!

Da Du ja am Samstag so gegen 17 Uhr 15 nahtlos von der Gegenwart in die Vergangenheit wechselst, wollte ich Dir kurz vorher doch noch mal schreiben bzw. ein paar Dinge loswerden! Keine Angst, ich habe nicht vor, Dich nur zu beschimpfen, Denn selbst mir, der ich nicht gerade glücklich mit Deinem Verlauf bin, ist nicht entgangen, dass Du ein paar Dinge tatsächlich wirklich gut hinbekommen hast! Wie Du z. B. den Titelkampf kreiert hast, mit bis zu acht Kandidaten und mit so viel Gespür für Spannung und dramatische Wendungen, das war schon toll! Gut, zum HSV warst Du gegen Ende eine Spur zu hart. Aber sonst? Hut ab! Solltest Du also Dein diesbezüglich gutes Händchen bis zum Ende beibehalten und Wolfsburg oder Stuttgart Meister werden lassen, wäre das nicht nur für alle Nicht-Bayern-Fans super, es wäre auch konsequent. Denn München wäre sicher der falscheste Meister dieses Jahr, aber das weißt Du ja selber! Denn niemand hat den mitunter grotesken Größenwahn dieses Clubs je besser offengelegt als Du, da könnten sich Deine Vorgänger noch nachträglich ein echtes Beispiel dran nehmen!

Auch gut gefallen hat mir die Geschichte mit Jürgen Klopp und Dortmund! Mit ihm hast Du diesem Verein einen geschickt hast, der der Borussia wieder ihren Kampfgeist, und einer Region mit extrem vielen Arbeitslosen ihren religiösen Glauben zurückgegeben hat. Du hättest das ja auch mit Schalke machen können, aber peinliches Schmierentheater muss man ja nicht auch noch subventionieren! Was ich nicht ganz verstehe, ist Dein Verhältnis zum Osten. Sollten Cottbus und Rostock wirklich absteigen, wäre das schon fies. Aber vielleicht erbarmst Du Dich da ja noch.

Was Du in unserem Fall, und jetzt spreche ich als Eintracht-Fan, offensichtlich von Anfang an ausgeschlossen hast! Oder wie sollen wir uns die letzten zehn Monate sonst erklären? Dieses durchgehend größte Lazarett der gesamten Liga! Dieses kopfverdrehende Testspiel gegen Real Madrid und drei Tage später dann diese Lähmungssymptome beim Auftakt gegen Hertha, von denen sich viele Spieler eigentlich nie wirklich erholt haben. Diese relativ frühe Unruhe! Diese vergiftete Atmosphäre, diese »Funkel raus!«-Rufe, die auch dem naivsten kleinen Jungen spätestens beim Stadionbesuch klargemacht haben dürften, dass Fußball alles Mögliche ist, nur kein unbeschwerter Spaß! Wieso hast Du zugelassen, dass ein Heribert Bruchhagen, der uns hier mit geduldiger und hochseriöser Arbeit aus dem Moloch der irrationalen Selbstgefälligkeit befreit hat, vor lauter Nervosität mittlerweile Kette raucht? Saison, wir wollten ja gar nicht so viel von Dir! Ein anständiger und redlich verdienter Tabellenplatz, eine Reihe von ansehnlichen Spielen, ab und zu ein Sieg gegen die, die wir zur Zeit noch nicht einholen können, und ein Hauch von Perspektive … das hätte den meisten genügt. Stattdessen zerfleischen wir uns seit Monaten gegenseitig und behandeln einen Trainer, dem wir nachweislich eine Menge zu verdanken haben, wie einen Hochverräter! Selbst wenn seine organische Traineruhr abgelaufen sein sollte, so was gehört sich nicht! Und was soll das eigentlich mit Caio? Weißt Du eigentlich, wie sehr wir den Grabowskis, Hölzenbeins, Okochas oder Beins nachtrauern? Und was wir darum geben würden, so einen mal wieder bei uns zu haben? Aber wie soll das gehen mit einem, der zwar Talent, aber keine Selbstdisziplin hat, der sich im Urlaub fett futtert statt zu trainieren? Caio ist wie wenn morgens die Sonne scheint, es am Nachmittag aber schüttet wie aus Kübeln! Das ist unfair! Klar könntest Du jetzt antworten »Immerhin habe ich Euch nicht absteigen lassen!«, aber das wäre nur zynisch. Denn dann hättest Du uns zumindest einen »richtigen« Abstiegskampf geben müssen, bei dem die Luft brennt! Das ist dann was zum Anfassen! Aber dieses Rumdümpeln im Grauzonenbereich und diese vielen mauen Spiele waren demütigender als alles andere. Das war echt nicht nett, Saison! Du wirst also verstehen, dass ich nicht besonders traurig sein werde, wenn Du bald weg bist. Und solltest Du Deine Nachfolgerin sprechen, richte ihr aus, dass wir von ihr erwarten, dass sie das wieder gutmacht, was Du bei uns angerichtet hast …!

Die Saison ist rum. Ein kurzer, aber alles Wesentliche auf den Punkt bringender

»Saison-Kehraus«

Agonie, der Todeskampf, hat dieselbe griechische Wortwurzel wie Agon, der Wettkampf, was in der langen Agonie vor dem Ende der Beziehung zwischen Eintracht Frankfurt und Friedhelm Funkel beispielhaft deutlich wurde: Es war ein quälender Wettkampf um oder gegen den vorzeitigen Trainertod. Zuletzt gelingt Funkel noch ein echter Coup: Durch den Rücktritt des Trainers vor dem letzten Spieltag erlebt Frankfurt eine Bundesliga-Premiere, einmalig, also kein verhasstes Mittelmaß: Der vergraulte Trainer sitzt nach der Trennung noch einmal auf der Bank und wird trotz des 2:3 gegen den HSV auch von denen gefeiert, die ihn feuern wollten. Und sogar die Funkel-Getreuen atmen erleichtert auf, denn Eintracht und Funkel litten unter einer schweren Sportverletzung: beidseitigem Ermüdungsbruch.

*

Samstag, 23. Mai 2009, 17.30 Uhr. Radler-Pause im Biergarten. Am Nebentisch belauscht. Er: (am Handy hantierend). – Sie: »Na, hat's Bremen geschafft?« – Er: (rollt mit den Augen). – Sie: »Denen gönne ich es. Die wollten ja auch so gerne in München gewinnen.« – Er: (rollt mit den Augen). – Sie: »Sag schon, haben sie's geschafft?« – Er (genervt): »Wer?« – Sie: »Blöde Frage, Bremen natürlich.« – Er: »Um Bremen geht's doch gar nicht.« – Sie: »Wieso? Das versteh ich jetzt aber nicht.« – Er: »Mist! Wolfsburg ist Meister!« – Sie: »Wolfsburg? Die spielen auch mit?« – Er: »Ja, leider« (greift zum Weizenbier).

*

Ebenfalls einmalig, aber anders als in Frankfurt: Volkswagens gigantische Image-Investition. Zuerst wurde versucht, mit ein paar Hunderttausend Euro den Betriebsrat freundlich zu stimmen, was (buchstäblich) in die Hose ging. Als Gegenmaßnahme pumpte VW viele Millionen in sein

Zum Schluss noch mal ein Foto mit Aussagekraft! Während bei Friedhelm Funkel angesichts des einigermaßen friedlichen Endes wieder eine gewisse Lockerheit einkehrt, ist Heribert Bruchhagen noch nicht ganz so weit. Denn auch die, die ihm jetzt gerade bei der Pressekonferenz zuhören, haben sich am fleißigen »Öl-ins-Feuer-gießen« durchaus eifrig beteiligt. Und das darf man ihnen ruhig noch mal in die Blöcke diktieren … auch wenn ausgerechnet das keiner mitschreibt …!

Zweigwerk VfL, mit durchschlagendem Erfolg: Deutschland ist freundlich gestimmt, denn VW wird nicht mehr mit brasilianischen Nutten, sondern mit brasilianischen Fußballern (Grafite! Josué!) verbunden.

*

Magath: Meister mit Wolfsburg. Kurzzeit-Heynckes: Champions League mit Bayern München.

Beide in Frankfurt krachend gescheitert. Kann's nur an den Trainern liegen? Und jetzt Funkel: Aus Liga zwei nach oben, dort etabliert, mit UEFA-Pokal-Spielen und DFB-Pokal-Teilnahme, ständig leichte Aufwärtsentwicklung, trotz verletzungsbedingter Rückschläge, auch in dieser Saison nie in Abstiegsgefahr . . . was will man mehr? In Frankfurt will man immer mehr.

Zurück aus der Athroseklinik

Schon vor der Saison das genugtuendste Erfolgserlebnis überhaupt: 3:0 im Pokal gegen Offenbach – noch viel schöner als das Real Madrid-Bonbon vor Beginn der vorigen Saison. Und dann zum Auftakt ein völlig überraschender 3:2-Sieg in – IN! – Bremen. Besser kann eine Spielzeit nicht beginnen. Ach ja: Nix gegen den alten Funkel – aber der neue Skibbe lässt die Fans träumen.

Liebes Eintracht-Tagebuch,

es gibt Zeiten, da frage ich mich, ob ich nicht nur älter, sondern auch reifer geworden bin. Denn nachdem ich letzte Woche den kompletten Sonntag mit meinen Kumpels laut hupend mit einem Tieflader über den Kaiserleikreisel gefahren bin, um auf dessen Ladefläche immer wieder die 3 Tore vom Pokalmatch nachzustellen, haben wir die letzten Tage damit verbracht, uns in einer ›Nordsee‹-Filiale mit Dutzenden von diesen Fischbrötchen namens ›Bremer‹ einzudecken, um dann auf den Trainingsplätzen vorm Eintracht-Stadion mit ihnen Baseball zu spielen!

Andererseits … das war aber einfach auch alles zu schön in den letzten Tagen, oder? Denn als wäre der befreiende Sieg in Offenbach nicht schon Natur-Ecstasy genug für unsere fußballförmigen Gehirne, haben wir eine Woche darauf bei einer Mannschaft gewonnen, die uns noch letzte Saison gleich zweimal mit betont sadistischen Demütigungen unsere gute Laune schneller und gnadenloser pulverisiert hat, als wenn man Aspirin in Salzsäure auflöst. Und als wäre das nicht allein schon unter rachetechnischen Aspekten hoch befriedigend, hat die Eintracht in Bremen auch noch gespielt! Ich meine … wirklich GESPIELT! Und zwar gut! Mit Doppelpässen, mit Ideen, mit Lust! Das war so, wie wenn ein eben noch nach vorn gebeugter Opa gerade aus der Arthroseklinik kommt, vorm Eingang seine Krücken wegwirft und zu den Beats eines Ghettoblasters eine Tanzperformance hinlegt, bei der selbst die Kids vom Nachbarblock die große Klappe nicht mehr zubekommen. Ehrlicherweise muss ich allerdings zugeben, dass ich mich auch ein bisschen geschämt habe, denn ich hätte nicht auch nur einen Pfifferling auf ein Unentschieden, geschweige denn auf einen Sieg gesetzt (wobei ich zu meiner Verteidigung anmerken möchte, dass es auch damit zu tun hat, dass Oddset Pfifferlinge generell nicht akzeptiert!).

Und jetzt kommt Nürnberg, das erstmals nicht mehr diesen Travestie-Sponsor (›Mister Lady‹) auf seinen Trikots präsentiert, sondern den Firmenschriftzug eines Anbieters für Energieleistung. Na wenn das mal keine Metapher ist! Aber selbst wenn sie für ›Ultimate Fight‹ oder einen fränkischen Panzerhersteller werben … die Spieler werden es, wenn überhaupt, nur am Rande registrieren. Denn das Einzige, an was sie denken müssen, sind die neu entdeckten eigenen Qualitäten und drei weitere Punkte, denn dann sind sie ja schon nah am Gesamtergebnis der Vorsaison dran.

Ja, Tagebuch, ich weiß, ich übertreibe ein bisschen. Aber glaube mir, dass ist noch gar nix gegen diesen verrückten Frankfurter Eissalonbesitzer, der direkt nach dem Abpfiff in Bremen seinen Laden komplett in die Farben des Tages umdekoriert hatte. Rot-schwarze Stühle, rot-schwarze Tischdecken, das Personal rot-schwarz geschminkt usw. So sind wir Hessen halt, kaum haben wir gute Laune, schon geht der Gaul mit uns durch. Wobei das rot-schwarze Eis net schlecht geschmeckt hat … genau wie diese schwarz-rote Waffel.

Wie auch immer, liebes Eintracht-Tagebuch, ich muss jetzt aufhören. Meine Kumpel haben mich beauftragt, für Samstagabend ein paar Kilo Nürnberger Würstchen zu besorgen. Und Feuerwerkskörper! Und dann treffen wir uns am Main …!

»Gut … wir haben in Offenbach gewonnen und jetzt hier in Bremen. Guter Saisonstart, da kann man nicht meckern! Aber den Typ, der mir diese Hose in 62 verpasst hat, den schmeiß ich raus.«

Das »Viagra-Prinzip«

Als Caio bei Skibbes Heimspiel-Debüt das Führungstor gegen Nürnberg schießt, ist die Eintracht Tabellenführer. Am Ende aber steht es nur 1:1, ein erster Dämpfer. Henni geht auf Mutmacher-Suche und findet … natürlich wieder einmal seinen alten Freund »Brocken«.

Liebes Eintracht-Tagebuch,

ganz ehrlich … wärst Du jemals auf die Idee gekommen, nach den ersten beiden Spieltagen vom »Viagra-Prinzip« zu sprechen? Ich jedenfalls nicht. Aber mein Freund Brocken! Brocken, mein guter Freund, eine Seele von Mensch, und ein Klotz von einem Watz. Was ihn schon immer auszeichnet, ist, dass er immer genau dann eine Antwort hat, wenn ich mit meinem Latein am Ende bin (was schnell geht, da ich damals in der Schule nur Französisch hatte … ja ich weiß … super Gag!).

Wie auch jetzt wieder, als ich ihm nach dem Nürnberg-Spiel erklärte, dass das Ergebnis zwar gerecht war, ich aber trotzdem, wenn auch irrational, enttäuscht gewesen sei, dass es nun eben doch nicht für sechs Punkte und die Tabellenführung gereicht hatte. Daraufhin kam er mir mit seiner Theorie.

»Pass uff, Henni, des is wie mit der Manneskraft. Wenn du sie mit einer von diesen kleinen blauen Pillen ankurbelst, bist du natürlich deutlich besser drauf als im Normalfall. Und wenn du's beim nächsten Mal dann wieder ohne chemische Unterstützung machst, isses halt net ganz so wild. Aber wenn du Glück hast und net komplett impotent bist, dann isses immer noch schön …« »Das kapiere ich nicht!«, hab ich geantwortet, »Na ganz einfach … das Werder-Spiel war wie mit Viagra, und das gegen den Club eben ohne!« »Soll das heißen, die Eintracht-Spieler seien gegen Werder gedopt gewesen?« »Nein, natürlich net! Aber sie sind in dem Spiel über sich selbst hinausgewachse, und des is doch auch nachvollziehbar. Der neue Trainer, die deutschlandweiten schlechten Einschätzungen der Mannschaft, die krasse Außenseiterrolle, die zwei Klatschen in der Vorsaison, dazu das Offenbach-Spiel. Des alles war wie eine Art psycholgischer Drogencocktail! Mehr Stimulanzmittel kann mer gar net einpfeifen! Und deswegen haben sie überdurchschnittliche Leistungen abgerufen! Und gegen Nürnberg waren sie dann eher am normalen Standard! Wobei der ja unterm Strich einigermaßen okay war!« »Moment, was war denn mit der euphorischen Erwartung nach dem Auftaktsieg? Ist das kein Stimulanzmittel?« »Nein, denn an übertriebene Erwartungshaltungen hat man sich als Eintracht-Spieler schon lange gewöhnt, des pusht die net mehr! Für den Viagra-Effekt braucht's deutlich mehr!« »Der ›Viagra-Effekt‹ ... aha! Interessante Theorie! Das heißt also, dass sich dieser besonders euphorisierte Zustand nur in Ausnahmefällen herstellen wird, ohne dass man das künstlich beeinflussen kann.« »Jetzt hat der Bub es begriffe!« »Ja, aber bedeutet das, dass wir so was Überdurchschnittliches wie gegen Bremen dann nie mehr sehen werden?« »Quatsch! Es wird genügend Spiele geben, wo die Eintracht des alles gar net brauchen wird! Jetzt gegen Köln z. B.!« »Und warum nicht?« »Weil man Vollgepumten net mit Vollgepumten begegnen soll!« »Moment, bevor ich dir nicht mehr folgen kann ... Köln ist also vollgepumpt. Mit was? Auch Viagra?« »Nee, mit der ›Ego-Droge‹!« »Brocken, bist du sicher, dass du nix drin hast ...?« »Ich erkläre es dir ...! Der Kölner an und für sich ist absolut sicher, dass es auf der Welt nur ihn gibt und dann erstma lange nix! Der Kölner ist außerdem der festen Überzeugung, dass der 1. FC eigentlich besser ist als Manchester und Barcelona zusammen und nur aufgrund ein paar unglücklicher Umstände net jedes Jahr die Champions League gewinnt. Er hält Wolfgang Overath für klüger und vor allem wichtischer als Barack Obama! Gegen Lukas Podolski sind die Götter der Antike kleine Loser! Und wenn der FC, natürlich zu unrecht, verliert, schlachtet er nachts hinterm Stadion den

Vereinsgeißbock und trinkt dessen Blut! Damit er ›noch‹ stärker wird und das net noch mal passiert! Soll heißen … der Kölner hat se schon lang net mehr alle, und er kreist immer nur um sich selber. Und wenn du gegen so jemanden spielst, hilft dir nur eins … clean sein!«

Tagebuch, Du kannst Dir vorstellen, wie beeindruckt ich war! Denn das war ja kein billiges Ablästern o. ä. Das war das Ergebnis einer sorgfältigen ethnologischen Studie! Und das hatte ich ihm so gar nicht zugetraut. Plötzlich überkam mich der Gedanke, dass es gut wäre, dieses Wissen auch an die Eintracht weiterzugeben, was ich ihm natürlich vorschlug.

»Nein, brauche mer net. Der Skibbe war in Leverkusen tätisch, des liegt gegenüber von Köln, der weiß des alles! Und deswegen musst du dir wegen Samstag auch keine Sorgen machen!«

Ja, liebes Tagebuch, und dann hat er mir zuversichtlich zugenickt, sich in seinen Smart gequetscht und auf den Weg zur Vorverkaufsstelle gemacht, um dort eine Karte für Samstag zu kaufen. Und weißt Du, was ich getan habe? Ich bin ihm hinterhergefahren!

Trolle, Ritter und hessische Mazedonier

Same procedure as last year: Wie im August 2008 begeistert der schnelle Bolt die Massen, diesmal in Berlin statt in Peking, wie am dritten Spieltag der letzten Saison spielt die Eintracht gegen Köln nur unentschieden, und genauso unentschieden sind die Fans über den weiteren Weg ihrer Mannschaft. Diese und ihr rothaariger Troll entführen Henni in die Sagenwelt seiner hessischen Kindheit.

Liebes Eintracht-Tagebuch,

als ich ein Kind war, hat mein Vater irgendwann mal damit angefangen, mir Sagen vorzulesen. Was ich wunderbar fand! Mein Favorit damals war eine irische Sage, in der ein kleiner, rothaariger Troll mit blasser Haut in einer Höhle nahe eines kleinen Dorfes wohnte. Der Troll war ausgesprochen mutig und mitunter schon übertrieben waghalsig. Aber insgesamt war das prima so, denn diese Eigenschaften befähigten ihn, den Dorfbewohnern in bedrohlichen Situationen zu helfen. Wurde beispielsweise jemand von heimtückischen Räubern überfallen, erschien urplötzlich der Troll und klärte die Sache, indem er den Bösen irgendwas abbiss! Mal die Nase, mal einen Finger. Da er unglaublich schnell und wendig und zudem auch noch mit einem leicht irren Blick ausgestattet war, gelang es ihm immer und immer wieder, die Fiesen in die Flucht zu jagen.

Und so erreichte der irische Troll im Dorf schon bald einen beachtlichem Bekanntheitsgrad und erfreute sich zudem großer Beliebtheit. Allerdings war es bei ihm so wie bei wie bei vielen anderen Rothaarigen auch ... ab und zu übertrieb er es einfach bei bei seinen Aktionen. Einmal z. B. sprang er einem harmlosen älteren Mann, der gerade einer gebrechlichen Frau aus der Kutsche helfen wollte, auf den Rücken, krallte sich an ihm fest und biss ihm in Windeseile beide Ohren ab. Als sich aber herausstellte, dass er diesmal mit dem friedfertigen Mann den Falschen ›entohrt‹ hatte, und man ihn deswegen zur Rede stellte, zuckte der Troll nur mit den Schultern. »Was wollt ihr denn, das kann doch jedem mal passieren! Seid lieber froh, dass ihr mich habt und ich nicht schon längst woanders hingegangen bin. Gute Beißer sind im ganzen Land gefragt!« Woraufhin einer der Einheimischen meinte: »Da hat er auch wieder recht …!« und man die Sache ab sofort auf sich beruhen ließ.

Ich weiß auch nicht genau, weshalb ich ausgerechnet über einen rothaarigen Troll plötzlich zu Patrick Ochs komme. Aber warum auch immer … was seinen Platzverweis in Köln angeht, werden wir es ähnlich halten wie die Dorfbewohner. Wir finden es zwar blöd, aber eben nicht unverzeihlich. Tatsache ist aber, dass er der Mannschaft vier ganze Spiele spürbar fehlen wird!

Während der mit den roten Haaren nur begrenzt begeistert ist, stürmen die in den roten Trikots auf Schiri Manuel Gräfe zu, um ihm zu seiner Entscheidung zu gratulieren!

Zum Beispiel am Samstag gegen vermutlich hoch motivierte Dortmunder. Denn die könnten einen Dreier in der Fremde gut gebrauchen. Zumal ihr Saisonstart bislang keineswegs so verlaufen ist, wie sich das ihr klopporisierter Anhang eigentlich vorgestellt hat. Also wird das Spiel vermutlich eher kein Spaziergang … falls es so was in dieser Liga überhaupt noch für irgendjemanden gibt.

Andererseits wäre ein Eintracht-Sieg natürlich wunderbar, denn das würde bedeuten, dass wir uns auch weiterhin in den besonders vornehmen Räumen des Bundesligaschlosses aufhalten dürfen, bevor wir irgendwann sowieso wieder rüber ins Gesindehaus müssen. Also habe ich versucht, mich aufgrund des Ausfalls von Ochs vor dem BVB-Spiel an weitere Sagen meiner Kindheit zu erinnern. Denn wenn schon die vom irischen Troll ihre »Wiederaufführung« erlebt hat, warum dann nicht auch andere? Zum Beispiel die von diesem halb mazedonisch, halb hessischen Drachentöter, der sein Dorf ohne große Selbstinszenierung, aber dafür dank ausgeprägt innerer Ruhe souverän vor den Angriffen aggressiver Flattermänner bewahrte. Oder die von jenem einsilbigen brasilianischen Ritter, der seine Gegner dank ausgefeilter Technik einfach ins Leere laufen ließ, um dann seinerseits geschickte Gegenangriffe zu starten. Und natürlich auch vor allem jene griechische Sage, in der man einem sehr vollbärtigen Wilden die Rolle des Anführers geraubt hatte, und der, nach kurzer Wut, mit kühnen Heldentaten unterstrich, dass er genügend Größe hatte, um über so etwas zu stehen!

Ja, liebes Tagebuch, die Umsetzung eine dieser Sagen wäre am Samstag bestimmt ausgesprochen hilfreich! Und ein »Best of …« aus allen noch besser!

Auserwähltes Personal

Leise Enttäuschung: Wieder nur ein Unentschieden, zu Hause gegen Dortmund, aber wir schauen nach vorne: Der HSV führt vor Leverkusen, die Eintracht steht immerhin auf Platz sechs, ungeschlagen, vor Meister Wolfsburg und Meistensmeister Bayern. Zwar nur eine Momentaufnahme, aber eine angenehme. Unangenehm dagegen: Weil die Verpflichtung von Lincoln scheitert, zettelt Skibbe Zoff mit Bruchhagen an. Henni vertraut seinem Tagebuch scheinbar andere Gedanken an – über Größenwahn im Einkaufsrausch.

Gestern, liebes Tagebuch,

habe ich etwas sehr Ungewöhnliches erlebt! Ein Freund namens Steffen, den ich lange nicht gesehen habe, rief mich an, um mir freudestrahlend zu erzählen, dass ihm an der Börse trotz allgemeiner Finanzkrise ein Megadeal gelungen sei, der ihn bis zum Lebensende mehr als saniert habe.

Dann lud er mich ein, ihn in seinem nagelneuen Zuhause zu besuchen. Der Zusatz »Das hier wird jemandem wie dir besonders gefallen!« machte mich neugierig, also fuhr ich zu ihm. Spätestens als ich auf seinem riesigen Anwesen eintraf, begriff ich, warum er so weit außerhalb der Stadt gebaut hatte. Woanders hätte es in dieser Größenordnung gar kein Grundstück gegeben. Beeindruckt hielt ich vor einem imposanten schlossartigen Gebäude. Ich hatte noch nicht den Motor abgestellt, als mir ein Mann in einer schmucken roten Uniform entgegensprang, um mir höflich aus dem Wagen zu helfen. Das Gesicht des Mannes kam mir bekannt vor. »Entschuldigen Sie, aber Sie sehen aus wie ... Rafael van der Vaart ...« »Jo, und dat bin ick och!!«, antwortete er mir. Liebes Tagebuch, Du kannst Dir vorstellen, wie verblüfft ich war. »Was machen Sie denn hier?« »Ick hab 'ne Vertrag untersrieben! Haben Sie Gepäckje?« »Nein«, stammelte ich und lief irritiert zur Eingangstür. »Kapier ich nicht … der war doch gestern noch bei Real Madrid …«, murmelte ich, als mir auch schon jemand die Tür aufmachte. »Hey Sir, come in, you're welcome!« Auch das Gesicht dieses Butlers kannte ich. Fassungslos starrte ich ihn an. Das war Wayne Rooney! Ich verstand gar nix mehr! Kurz darauf befand ich mich in einer riesigen Hausbar. Ich setzte mich auf einen der edlen Platinhocker vor dem Tresen aus Mahagoni, hinter der ein mir mit dem Rücken zugewandter Barkeeper gerade dabei war, einen Cocktail zu mixen. »Entschuldigen Sie … aber könnte ich vielleicht ein Glas Wasser bekommen?«, fragte ich vorsichtig. »Si Senior!« Schon drehte er sich um. »Raúl!«, schrie ich aufgeregt. »Sie sind Raúl! Wieso Sie auch? Was macht ihr denn alle hier … ?!« »Na, Henni!«, hörte ich plötzlich eine lachende Stimme hinter mir sagen. »… Ich hab doch gesagt, dass dir das hier gefallen wird?« Grinsend kam Steffen auf mich zu, um mich mit festem Händedruck zu begrüßen. »Hallo Steffen!«, sagte ich, »danke für die Einladung! Tolles Haus, tolles Anwesen. Aber was machen diese Fußballer hier?« »Na, was wohl? Sie arbeiten für mich.« »Van der Vaart, Wayne Rooney und Raúl?!«, stammelte ich. »Und die anderen halt. Warte mal …!« Er klatschte laut in die Hände, und schon betrat Ioannis Amanatidis den Raum. »Ama, bitte trommel mal alle zusammen, am besten im Salon!« Der Grieche nickte nur kurz, um gleich wieder zu verschwinden. »Amanatidis auch?«»Ja! Diese Geschichte mit seinem weggenommenen Kapitänsamt hat mir leid getan, also hab ich ihn als Personalchef eingestellt! So, und jetzt zeig ich dir mal den Rest …«

Kurz drauf betraten wir den Salon. »Mein Personal!«, sagte Steffen stolz, und deutete auf eine ganze Riege von Männern, die sich diszipliniert nebeneinander aufgestellt hatten. »Die in den weißen Jacken sind die Kellner … « »Fassungslos starrte ich erst die Männer an, dann ihn. »Messi, Kaka, Frank Lampard und Zlatan Ibrahimovic sind deine … KELLNER?« »Gut erkannt, Henni!« »Und das daneben ist doch Michael Ballack! Wieso trägt der denn diese Gärtnerkluft?« »Weil Gärtner immer gerne mal eine Pause einlegen, also passt das ja!« »Wow ... und Thierry Henry ist auch da. Warum im gelben Dress?« »Er ist mein persönlicher Postbote. Du weißt ja, wie schnell er immer noch ist!« Ich rieb mir erneut verwundert die Augen. »Was macht denn Caio hier? Und wieso hat er als einziger einen Trainingsanzug an?« »Ich hab ihn zum Fitnesstrainer gemacht. Und zwar für alle. Jetzt hat er gar keine andere Wahl, als ständig zu trainieren!« »Aha! Und wie kommt Arjen Robben hierher? Ich dachte, der wäre bei Bayern?« »Jetzt nicht mehr!« Steffen grinste breit: »Er versorgt hinten in meinem Privatzoo die Seelöwen. Ich weiß, Robben füttert Seelöwen ... ein alberner Kalauer, aber das musste sein. Allein schon um Uli Hoeneß zu ärgern!« Ich merkte, dass mich das Ganze leicht überforderte. «Steffen, kannst du mir das alles bitte mal erklären? Wieso hast du denn all diese sündhaft teuren Fußballer zu deinem Personal gemacht?« »Ganz einfach! Dieser Einkaufsgrößenwahn der letzten Jahre hat mich irgendwann nur noch genervt. In wirtschaftlich schwierigen Zeiten mal eben zig Millionen für Spieler auszugeben, als wäre es gar nix, hat mich als Fußballfan nur noch angekotzt. Also hab ich sie den Vereinen einfach alle weggekauft und ihnen ihre Gehälter verdoppelt, damit sie auch bleiben. Ja, und jetzt geht's mir besser, weil ich mich nicht mehr so ärgern muss!« Nachdenklich musterte ich ihn. Denn Größenwahn mit Größenwahn zu begegnen, erschien mir nicht wirklich plausibel! Dann fiel mir etwas auf, und ich feixte ihn an. »Aber einen hast selbst du nicht bekommen ... « Er feixte zurück. »Doch, hab ich. Guck mal aus dem Fenster ... « Ich tat, was er sagte. Und tatsächlich ... im Hof stand, in einem wasserfesten Overall, Christino Ronaldo und wusch mein Auto! Einige Stunden später standen wir neben meinem blitzblanken Wagen, um uns zu verabschieden. Plötzlich schlurfte ein gebeugter Mann in zerfetztem Gewand um die Ecke, der etwas offensichtlich sehr Schweres auf seiner Schulter trug. Als er näher kam, erkannte ich, wer der Mann war, und auch, was er da mühevoll durch die Gegend schleppte! Ein riesiges rot-schwarzes Kreuz! Steffen kam meiner Frage zuvor. »Ja, es ist Lothar Matthäus. Ich hab ihm nie verziehen, dass er damals Jürgen Grabowski kaputtgetreten hat und dass er noch bis vor Kurzem immer nur fiese Sprüche zu dem Thema abgelassen hat. Das hat er jetzt davon. Hab ich mir einfach mal gegönnt … «

Beeindruckt stieg ich ins Auto. Eigentlich hatte ich beschlossen, Steffens angeberische Verschwendungsarie nicht gut zu finden. Aber Lothar Matthäus als Büßer mit einem Eintracht-Kreuz … das war definitiv der originellste Spielereinkauf der letzten Jahre! Ich glaube, ich habe die komplette Heimfahrt geheult vor Lachen!

Ja, liebes Tagebuch, und das musste ich Dir einfach erzählen!

Der Traum eines jeden Eintracht-Fans

Der Berg ruft

Die deutschen Europameisterinnen um Birgit Prinz werden in Frankfurt am Römer gefeiert, ihre männlichen Kollegen gewinnen – ohne Enke (offizielles Bulletin: »Keine ansteckende Krankheit«) das WM-Qualifikationsspiel gegen Aserbeidschan mit 4:0, was die Eintracht in der Länderspielpause beim SV Hofheim (20:0) verfünffacht. Eine Null weniger weist das Ergebnis des nächsten Ligaspiels auf, aber es lässt von Unerhörtem träumen: 2:0-Sieg in Freiburg, Eintracht marschiert weiter nach vorn. Beziehungsweise klettert nach oben. Zum Gipfel? Was hält Henni von der Bergsteiger-Metapher?

Liebes Eintracht-Tagebuch,

heute möchte ich Dir von einer interessanten Begegnung erzählen. Als ich nämlich vor ein paar Tagen auf einer kleinen Autobahnraststätte nahe der Wetterau nach dem Tanken im picke packe vollen Restaurant einen Kaffee trank, fragte mich jemand, ob der Platz an meinem Tisch noch frei sei. Ich nickte, und ein Typ in Handwerkermontur, ca. Mitte 30, und mit einem breiten freundlichen Grinsen im sonnengegerbten Gesicht setzte sich zu mir. Als er sein Glas zum Trinken ansetzte, fiel mir plötzlich ein außergewöhnlich großer, silberner Ring mit einer aufwendigen Gravur an seiner ölverschmierten Hand auf. »Das ist aber kein Ehering, oder?«, fragte ich, um mich auch schon im nächsten Moment über meine Distanzlosigkeit zu ärgern.

Allerdings schien es ihn eher zu freuen, dass ich ihn auf das auffällige Stück angesprochen hatte. »Naa, den hab ich gewonne! In Bulgarien … is echtes Sterlingsilber!« »Wow, gewonnen! Darf ich fragen bei was?« »Ja klar … Beim Berg nuffmache!« Als er meinem fragenden Blick sah, klärte er mich auf. Er erzählte mir von einem alljährlich stattfindenden und ausgesprochen speziellem Bergsteigerwettkampf im bulgarischen ›Rilagebirge‹, bei dem tatsächlich jeder mitmachen dürfe. Ziel sei einfach, den Gipfel des landeshöchsten Berges namens ›Mussala‹ zu erreichen, und zwar egal wie! Es gäbe keinerlei Auflagen, keinerlei Regeln, und keinerlei Nachweispflicht bergsteigerischer Erfahrungen. Jeder könne mitmachen.

»Da warn über 500 Teilnehmer aus der ganzen Welt! Von dene Profis mit ihren superteuren Ausrüstunge bis hin zu Bauern auf ihren Mulis! Des einzische was zählt, ist, wer zuerst obbe ankommt ... fertisch!« Auch wenn ich mir das als ein mit Gesetzen, Vorschriften und Regeln aufgewachsener Deutscher nicht gleich so recht vorstellen konnte, faszinierte mich die Geschichte. Ich deutete neugierig auf den Ring. »Und Sie haben gewonnen?« »Naa, des net. Die ersten Plätze habbe sich die gestopften Jungs mit ihre Luxusausrüstungen geschnappt. Die hatte aber werklisch auch alles dabei ... Edelstahl-Schraubkarabiner, zwölfzackische Allroundeisen zum unner die Schuhe montiern, dreifach verschweißte Seilbinden mit besonders hohem ›Save-Faktor‹ ... was immer des aach heißt ... aaner hatte sogar einen von de NASA entwickelten Brustschutzkorb! De Hammer!« »Und mit was für einer Ausrüstung sind Sie da hoch?« »Ei mit dene Sache, mit denen ich sonst bei mir in de Geschend, also im Raum Ortenbersch, wandern geh. Damit ging's aach!« »Und wievielter sind Sie geworden?« »Ei Vierter ... « »Im Ernst?« »Ja, wenn ich's doch sach. Ich mein', natürlich bin ich technisch net so gut wie die annern, mittedrin hab ich aach Fehler gemacht ... ich weiß ja selber, dass ich mich noch verbessern kann. Aber dadefür hab ich Bock gehabt und immer dran geglaubt, dass ich des auch ohne die ganze Sache pack. Und des hat ja unnerm Strich auch geklappt ... !«

Liebes Tagebuch, ich war beeindruckt! Sich mit bescheidenen Mitteln gegen die mit der extra teuren Spezialausrüstung zu behaupten, das war eindeutig der Beweis, dass zumindest manchmal ein großer Wille stärker sein konnte als dicke Kohle.

Wie auch immer, als wir kurz drauf beide draußen neben seinem kleinen Transporter standen, sagte ich ihm, wie

Standesgemäße Wetterauer Bergsteigerausrüstung

großartig ich das alles fand, und dass ich ihm nachträglich von ganzen Herzen gratuliere. »Des is nett!«, antwortete er bescheiden. Ich deutete auf den Aufkleber mit dem mir so vertrauten Adler auf der Hecktür. »Auch Eintracht-Fan?« Er nickte grinsend. »Und, wie geht's aus gegen Hamburg?«, fragte ich ihn. Natürlich kannte ich seine Antwort ... nämlich, dass mit der richtigen inneren Haltung alles möglich sei. Erwartungsvoll nickte ich ihm zu.

»Was soll ich Ihne sagen ... des wird brutal schwer. Mit Glück vielleicht en Pünktsche ... mehr wird net drin sein!« Dann stieg er ein und fuhr los. Wenn auch enttäuscht, spürte ich trotzdem sofort, dass er recht hatte. Und dass es vollkommener Quatsch war, aus seiner Bergbesteigungsgeschichte eine Art ›Eintracht-Metapher‹ basteln zu wollen. Den Kopf über mich selbst schüttelnd, lief ich zu meinem Auto, als er plötzlich noch mal neben mir hielt.

»Annererseits hätt ich in Bulgarien auch net gedacht, dass ich des so gut pack ...! Tschö!« Dann verschwand er in Richtung Autobahn ...

Hellblaue Gefühle

Zwar wird der Tabellenführer nicht besiegt (1:1 gegen den HSV), aber dennoch erinnert diese kämpferisch starke und spielerisch überzeugende Eintracht des ersten Saisondrittels Henni an glorreiche Zeiten … und an bedenkliche Rituale.

Weißt Du eigentlich, liebes Eintracht-Tagebuch,

was mir heute urplötzlich bewusst geworden ist? Dass es eine starke Ähnlichkeit zwischen meinem Kleiderschrank und meinem Seelenleben gibt. Als ich nämlich ersteren nach längerer Zeit mal wieder aufgeräumt habe, musste ich feststellen, dass ich neben ziemlich vielen neueren Kleidungsstücken auch noch einige alte Klamotten habe. Erinnerungsstücke, Geschenke, bestimmte Bühnenoutfits usw.

Und so ähnlich sieht es auch in mir aus. Ich habe überwiegend neue Gefühle, die natürlich vor allem mit Älterwerden und Erwachsenendasein zu tun haben. Zum Beispiel das Gefühl, dass ich ständig noch dies und jenes erledigen muss und nix vergessen darf! Oder dieses, alles immer hinterfragen zu müssen. Und sich ständig um alles Sorgen machen, gehört auch dazu.

Natürlich gibt es auch schöne neue Gefühle, aber wenn man erst einmal erwachsen ist, gibt es eben automatisch ziemlich viele von der eben beschriebenen Art. Und deswegen bin ich froh, dass ich auch noch ein paar von diesen alten Gefühlen habe! Denn die haben mit unbekümmerter Jugend zu tun! Wenn ich z. B. hellblaue Autos sehe, denke ich automatisch an meinen ersten VW-Bus, den ich seinerzeit mit hellblauem Heizkörperlack angestrichen habe. Ohne dass ich das steuern kann, rieche ich plötzlich wieder diesen Lack und fühl mich wie Achtzehn. Oder ich höre diese Beatles-Ballade und schon tanze ich im Geiste mit Ute aus Götzenhain in meinem Zimmer Blues. Und sobald irgendwo Vögel zwitschern, will ich sofort zu diesem kleinen Bolzplatz im Wald rennen! Als ich am Sonntag vor dem Spiel gegen den HSV auf das Stadion zugelaufen bin, fiel mir noch so ein altes Gefühl wieder ein. Ein unglaublich gutes, und es hatte mit der Eintracht zu tun! Es gab nämlich eine lange Zeit in meinem Eintracht-Fan-Leben, da hatte ich nie, und zwar wirklich NIE Angst vor den Heimspielen! Was nicht heißen soll, dass es nicht auch damals schon mal ab und zu auch üble Packungen gab. Aber jeder von uns Fans wusste, dass die Eintracht immer genügend Potenzial und Willenstärke hatte, um an einem halbwegs guten Tag jeden zu schlagen. Die Bayern z. B. kamen immer als Favorit … nur genutzt hat ihnen das oftmals überhaupt nichts.

Wenn meine Kumpels und ich durch den Wald zum Stadion gelaufen sind, dann immer voller Optimismus. Gut, zugegeben, wir haben alle immer noch mal kurz an diesen einen bestimmten Baum gepinkelt (was dieser übrigens erstaunlich lange gut weggesteckt hat) und danach stets am selben Bratwurststand unsere persönliche Glückswurst gegessen. Aber das waren nur zusätzliche Sicherheitsmaßnahmen. Denn tief in uns hatten wir immer den Glauben, dass die Eintracht für uns alle zu Hause gewinnen will. Dieses Gefühl, liebes Tagebuch, war in den letzten Jahren tief in meinem Seelenleben verschollen. Was nicht heißen soll, dass meine Liebe und Loyalität zur Eintracht deswegen nachgelassen hätte, das nicht. Eintracht-Fan zu sein, ist ja eine Art ›Grundgefühl‹. Aber dieser feste Glaube daran, dass wir zumindest daheim jeden ›putzen‹ können, der war zuletzt weg. Zu viele halbgare Heimspiele, zu oft zu viel Respekt vor dem Gegner, haben meine unbeirrbare Zuversicht irgendwann in banges Hoffen umgewandelt. Nun wirst Du mich vermutlich fragen, warum ich dann so lange zu Friedhelm Funkel gehalten habe. Aber das ist Quatsch, denn auch unter seiner Regie gab es gute und starke Selbstbewusstseinsphasen! Nur ist das irgendwann allen abhanden gekommen. Wie wenn ein Virus ein ganzes Dorf schwächt. Aber diese Saison hätte das Zeug dazu, dass dieses schöne alte Gefühl wiederkommen könnte, wenn auch erst mal nur andeutungsweise. Natürlich war das HSV-Spiel kein wirklich gutes. Zwei Torchancen sind nicht gerade ein Indiz für überlegenen Angriffswirbel. Aber was mir gefallen hat, war dieser spürbare Wille der meisten Spieler.

Ihr Zweikampfverhalten, vor allem in der Abwehr. Ich habe mitgefiebert wie lange nicht mehr, ich habe gute Aktionen beklatscht wie lange nicht mehr, und ich hätte mich im Falle eines zweiten HSV-Treffers übergeben wie lange nicht mehr.

Das war tatsächlich so ein ganz bisschen wie früher. Dass ich danach meinen Wagen mit hellblauem Heizungskörperlack gestrichen habe, war zugegebenermaßen eine Art ›retrobedingte Übersprungshandlung‹. Und angesichts der Tatsache, dass es ein Leasing-Fahrzeug ist, nicht wirklich zu Ende gedacht. Aber so ist es halt, wenn man sich nach alten Gefühlen sehnt.

Liebes Eintracht-Tagebuch, ich will nicht vermessen sein, aber ein Sieg gegen die angeschlagenen Stuttgarter wäre diesbezüglich ein Schritt in die richtige Richtung, nämlich in die von besseren Zeiten. Und ich glaube, mit diesem Wunsch steh ich nicht wirklich allein …

Mit Elvis zum Erfolg

Vor der anstehenden Bundestagswahl kämpfen die Grünen überall gegen Schwarz-Gelb – nur in Dortmund nicht, um keine schwarz-gelben BVB-Fans zu vergraulen. Wirklich wahr! Schön auch, dass die Linken »Reichtum für alle!« fordern.

Kontrastprogramm in Frankfurt: Armut für eine – bittere Realität in diesen Tagen, denn gegen Stuttgart (0:3) und auf Schalke (0:2) bleibt die Eintracht ein Punkte- und Tore-Habenichts.

Was hilft? Links wählen? Oder an trügerische Tanzstunden-Erfolge denken?

Nicht dass ich unbedingt dazu neige, liebes Tagebuch,

aber gestern Abend habe ich das erste Mal seit Langem so etwas wie leichte Panik verspürt! Ich saß nämlich gerade an meinem Schreibtisch, als mein Fußboden anfing, leicht zu vibrieren! Dann auf einmal ein immer lauter werdendes Geräusch! Sofort schossen mir zwei Möglichkeiten durch den Kopf. Variante Nr.1: ein Erdbeben. Variante Nr. 2: die von der Stadt hatten dem Drängen dieser Bürgerinitiative nachgegeben und die umstrittene S-Bahnlinie kurzerhand unmittelbar durch meinen Vorgarten gelegt! Aufgeregt, ja fast schon hysterisch, rannte ich durch den Flur und riss die Haustür auf. Aber da war gar kein Erdbeben. Auch kein Zug. Vor mir stand mein Freund Brocken! Was heiß »stand«? Brocken lehnte seinen geschätzten 170 Kilo-Körper an meine Hauswand, wobei sein Kopf aufgrund dieses hochintensiven Rots durchaus auch als ballrunder Feuerlöscher durchgegangen wäre. Er atmete ... nein ... er rasselte, wie wenn man Metallteile in eine sich drehende Betonmischmaschine geworfen hätte! Seine Zunge schien ausgetrocknet zu sein, denn statt zu sprechen, schob er mich stöhnend beiseite, taumelte in meine Küche, nahm eine Flasche Wasser aus dem Kühlschrank und leerte sie in einem einzigen Zug. Dann noch eine, dann eine Flasche Saft und schließlich ein Bier! Langsam wich das Signalrot in seinem Gesicht einem zarten Fleischwurstteint.

»Hast du jemanden abgemurkst und bist auf der Flucht?«, fragte ich fürsorglich, um dabei so unauffällig wie möglich durchs Küchenfenster nach etwaigen Streifenwagen Ausschau zu halten. Er schüttelte heftig den Kopf und rang nach Luft. So langsam aber sicher kehrte seine Stimme zu ihm zurück. »Tanze!« Ich schaute ihn fragend an. »Ei, ich war tanze. In de Tanzschule! Ich dacht', wenn ich beim nächste Karnevalsball Rock'n Roll druff hab, erhöhn sich meine Chancen beim weibliche Geschlecht. Aber so net … !« »Was ist denn passiert?« Er blickte mir ernst und tief in die Augen. »Es fing super an … mer habbe die ersten Schritte geübt, und ich war klasse debei. Auch wenn man mir des net zutraut … ich hab mich richtisch gut bewegt. Aber grad, als ich gedacht hab, dass ich de Größte bin, und mich im Geiste schon bei internationalen Wettbewerbe hab mittanze sehn, isses passiert …« »Was denn?« »Ich hab meine Tanzpartnerin mit einem dermaßen übertriebene Schwung hoch gestemmt, dass ich plötzlich es Gleichgewicht verlorn hab! Dann bin mit ihr quer durch de Saal getaumelt … immer in de Hoffnung, net uff die Fresse zu falle! Und weil ich es net geschafft hab, stehenzubleiben, bin ich schließlich mit ihr durch eine Schwingtür in de Nachbarssaal gebrettert, wo grad eine Laienspieltruppe ›Romeo und Julia‹ geprobt hat. Den Romeo konnt ich grad noch umkurven, aber dann bin ich samt der Madame in meinen Armen schnurstracks in die Burgkulisse gedonnert, worauf diese die komplette Schauspieltruppe unner sich begraben hat. War zum Glück alles nur aus Pappe. Aber trotzdem ham alle geschrien wie als wär's de Weltunnergang. Ich sag dir, da brauch ich mich nie wieder blicke lasse …!«

Liebes Tagebuch, ich gebe zu, dass ich innerlich vor Lachen fast geplatzt bin. Was ich mir aber natürlich nicht anmerken ließ, denn schließlich wollte ich meinen Kumpel ja nicht veräppeln, sondern trösten: »Komm schon Brocken …«, sagte ich also, »mach dir nix draus, das kann doch jedem mal passieren!« »Nee! So was passiert nur mir!« »Brocken! Das erleben andere auch. Dass man gut anfängt, und dann plötzlich die Leichtigkeit verliert. Und es nicht mehr so läuft wie am Anfang … «

»Hör uff, du willst mich nur beruhischen …« »Quatsch! Nimm doch z. B. einfach mal unseren Verein, die Eintracht. Deine ersten Tanzschritte waren so wie deren Spiel in Bremen oder auch das gegen Dortmund. Da haben sie sich danach auch erstmal gefühlt wie die Könige. Dann sind sie so langsam aber sicher, genau wie du, ins Stolpern geraten, und spätestens gegen Stuttgart sind sie richtig auf die Schnauze gefallen. So wie du in die Burg! Und weil so was nicht spurlos an einem vorbei geht, haben sie dann trotz guten Kampfes auch noch auf Schalke verloren!«

Brockens Leidensmiene wich jetzt einem Ausdruck unübersehbarer Skepsis. »Henni, du immer mit deine Vergleiche. Manchmal isses e bissi arg an de Haaren herbeigezogen … !« »Wieso denn? Stimmt doch alles …« »Ach ja? Dann erklär mir doch mal, wie es dann weitergehen soll für die Eintracht … und mich!« »Das ist doch ganz einfach! Du besinnst dich drauf, wie gut du eigentlich angefangen hast, und löschst einfach alles aus deinem Gehirn, was später passiert ist. Und genau mit dieser Einstellung gehst du nächste Woche wieder zum Tanzunterricht und gibst dermaßen Gas, dass John Travolta vor Neid erblassen würde!« »Alles klar, Poeten-Henni, verstehe … Und die Eintracht macht des genauso wie ich. Erinnert sich an ihren guten Saisonstart, blendet alles annere aus und gewinnt gegen Hannover einfach ma ihr erstes Heimspiel!«

»Genau, du hast es begriffen!« »Schee wärs, wenn des immer so einfach wäre!« »Ich red' nicht von ›immer‹ Brocken, ich red' vom Spiel gegen Hannover. Einfach mal wieder auf die eigenen Stärken vertrauen, einfach mal mit der gleichen bedingungslosen Euphorie zu Werke gehen wie die Fans hinter ihnen und einfach mal drei Punkte holen gegen ein Team, das definitiv nicht besser ist als wir! Das ist doch absolut machbar!« Plötzlich verwandelte sich das Gesicht Brockens in eine Art strahlende Sonne. »Du bist und bleibst zwar ein Babbelmaul … aber wenn ich mir des so vorstell' … schee wär's schon!«

Ja, liebes Tagebuch, ich gebe es zu, ein bisschen hab ich gemogelt. Denn ob Brocken tatsächlich beim nächsten Karnevalsball den Damen den Elvis machen wird, kann ich nicht wirklich einschätzen. Und ob die Eintracht einfach mal einen schlagbaren Gegner ohne Wenn und Aber besiegt, kann ich derzeit auch nicht sicher sagen, dazu erscheint sie mir derzeit ein wenig zu unberechenbar. Aber das alles einfach mal so zu behaupten, hat trotzdem Spaß gemacht …!

Eine von Skibbes erzieherischen Maßnahmen, die die Mannschaft immer mehr zusammenschweißt … gemeinsames Wäschetrocknen während des Spiels! Das kennt man nicht mal in Madrid oder Manchester!

Leben in Paniniform

Ein Schritt vor, zwei Schritte zurück, ein Schritt vor – keine neue Foxtrott-Variation, sondern die auf der Stelle dribbelnde und trippelnde Eintracht. Nach dem 2:1 gegen Hannover wünscht sich Henni sehnlichst Nachschub für sein Sammelalbum historischer Höhepunkte.

Liebes Tagebuch,

heute habe ich einer kleinen Gruppe von Gymnasiasten für ihre Schülerzeitung ein Interview gegeben. Sie waren gut vorbereitet und hatten neben den üblichen Fragen (»Warum heißt ihr ›Badesalz‹?«) auch eine ganze Reihe neuer mitgebracht. Die interessanteste, so fand ich, war »Wenn Sie Ihr bisheriges Leben als Bild malen sollten, wie sähe das dann aus?« Ich habe erstmal überlegen müssen, denn darüber hatte ich mir bislang noch keine Gedanken gemacht. Und während ich nach dem passenden Bildnis suchte, schweifte mein Blick durch das Arbeitszimmer und blieb plötzlich auf dieser großen Schachtel hängen, in der ich meine ganz persönlichen Schätze aufbewahre. Zum Beispiel ein Paninialbum mit allen Spielern der WM 1974. Und schon hatte ich die Antwort gefunden. »Wenn man so möchte«, erklärte ich ihnen, »ist mein Leben wie eine Art großes Regal. Und in diesem Regal stehen Hunderte von Sammelalben!« Ob sie damit wirklich etwas anfangen konnten, weiß ich nicht, aber zumindest nickten alle verständnisvoll. Nachdem sie sich auf den Heimweg gemacht hatten, dachte ich noch einmal über meine Antwort nach. Und fand, dass es das ziemlich gut getroffen hatte. Denn tatsächlich habe ich das Gefühl, dass ich seit meiner Geburt ständig am Sammeln bin. Wobei ich jetzt weniger Fußballbildchen oder Matchbox-Autos meine, die ich auch eine Zeit lang gehortet habe wie ein Geisteskranker. Was ich meine, sind die ideellen Werte! Das ging schon als Baby los, als ich die ersten Eindrücke gesammelt habe, und hat bis heute nicht aufgehört. Ob es Erfahrungen sind, gute oder weniger gute, interessante Begegnungen, glückliche Momente, blöde Momente, Gewinne, Verluste, Lächeln, Enttäuschungen, interessante Meinungen usw. Ich sammele und sammele, ob ich will oder nicht! Und auch der Eintracht-Fan in mir, der seit Jahrzehnten einen festen Platz in meinem Persönlichkeitskonstrukt eingenommen hat, sammelt, seit ich mich zurückerinnern kann. Große Momente wie das Tor von Freddy Schaub zum UEFA-Cup-Sieg 1980! Oder das von Alex Schur 2003 gegen Reutlingen in der Nachspielzeit und der damit verbundene Aufstieg! Die Pokalsiege, die legendären Derby-Siege gegen die Kickers, den Scherenschlag von Bernd Nickel, das Kopfballtor von Bernd Hölzenbein im Sitzen, den Übersteiger von Jan Aage Fjörtoft ... um nur ein paar der unauslöschbaren zu nennen.

Unverzichtbarer Höhepunkt: Bernd Hölzenbeins legendäres Sitzkopfballtor im UEFA-Cup gegen Dinamo Bukarest am 7. November 1979!

Blöderweise habe ich auch die weniger guten Momente gesammelt, wie z. B. die gefühlten tausend OFC-Tore von Erwin Kostedde gegen uns, den geplatzten Traum von Rostock oder die drei Abstiege. Ja, je länger man Fan eines bestimmten Vereins ist, desto größer das Album im Kopf!

Liebes Tagebuch, jetzt möchtest Du bestimmt wissen, warum ich Dir das alles erzähle. Ganz einfach … weil ich mich dieser Tage gefragt habe, wann es mal wieder einen großen Moment geben wird, an den wir uns dann zeitlebens erinnern. Und soll ich ehrlich sein? Ich hab keine Ahnung, nicht mal einen Schimmer. Denn die Mannschaft, die sich uns derzeit präsentiert, gehört sicherlich nicht zu den schlechtesten Teams der Vereinsgeschichte, aber definitiv auch nicht zu den herausragenden. Nur wenige der aktuellen Spieler haben die Fähigkeit, aus 100 Prozent Leistungsfähigkeit 110 Prozent zu machen. Genau das aber brauchst Du, wenn Du etwas ganz Besonderes, Großes leisten bzw. erreichen willst. Wann sie uns also mal wieder so richtig positiv überraschen, ist nicht absehbar. Aber auch wenn wir im Moment dazu neigen, aufgrund der Gesamtsituation ein bisschen rumzumaulen, ja uns sogar ein bisschen zu langweilen und von spektakuläreren Zeiten zu träumen, sollten wir nicht vergessen, dass es im aktuellen Ligabetrieb eine Menge Vereine gibt, denen es derzeit deutlich mieser geht als uns! Ich möchte jedenfalls nicht mit einem Fan in Berlin, Gladbach oder Bochum tauschen! Und selbst in Stuttgart oder Dortmund sind sie seit Wochen deutlich nervöser und dünnhäutiger als wir hier in Frankfurt!.

Und deswegen höre ich auch sofort wieder auf, vorwurfsvoll mit dem Sammelalbum der historischen Glanzpunkte zu wedeln. Sondern hole stattdessen lieber jenes raus, in das man auch die kleinen Erfolgserlebnisse einsortieren kann. Den Sieg gegen Hannover zum Beispiel. Das war jetzt kein Brett von Spiel, aber zumindest gab es drei nützliche Punkte für das Unternehmen »sorgenfreie Saison«. Hoffen wir also einfach, dass uns die Eintracht in den nächsten Wochen weitere Sammelbildchen in Form von positiven Ergebnissen verschafft, die wir dann geduldig in eben dieses Album kleben. Und wenn das dann am Ende der Saison gut gefüllt ist, wäre das schon mal nicht das Schlechteste!

Und das andere Album, das mit den großen Momenten, müssen wir deswegen ja nicht wegschließen! Denn der optimistische Hesse, der ebenfalls anteilig zu meiner Persönlichkeit gehört, sagt mir »Auch da bappe mer örschendwann wieder was nei ...!«

Hab ich übrigens schon erwähnt, dass ich für das Pokalspiel gegen Bayern ein gutes Gefühl habe ...? Wollt ich doch noch kurz sagen ...!

Das gefälschte Zebra

Ausgerechnet die Eintracht leistet ihrem Lieblingsfeind und -gegner in dessen Krise Beistand. Henni gefällt das ganz und gar nicht, zumal das 1:2 in München vermeidbar gewesen wäre und alleine schon Bayern-Trainer van Gaals unangenehme Triumphpose nicht mit Punkten hätte belohnt werden dürfen. Apropos van Gaal: Seine Töchter dürfen ihn nicht duzen. Sich in der Familie zu siezen, das tun außerhalb der van Gaals allenfalls noch Monsieur und Madame Dupont in Frankreich, dort dient es aber nicht väterlichem Respekt, sondern eher ehelicher Erotik. »Voulez vouz coucher avec moi?«

Liebes Eintracht-Tagebuch,

vor ein paar Tagen, vor dem ersten von zwei Spielen gegen die Bayern, haben meine Kumpel, und ich überlegt, wie die Eintracht überhaupt gegen die »Übermächtigen« bestehen könnte. Also spielten wir im Geiste diverse Systeme sowie alle in Frage kommenden Mannschaftsaufstellungen durch. Ohne auch nur einmal annähernd davon überzeugt zu sein, dass das der richtige Schlüssel zum Erfolg sei. Irgendwie erschien uns die Aufgabe, vor allem das Spiel in München, zu schwierig, und aufgrund der bislang eher mittelmäßigen Leistungen unserer Jungs nicht lösbar. Und als wir da gerade so saßen und nicht recht weiterkamen mit unserem »Mutmachprogramm für verunsicherte Eintracht-Fans«, meldete sich der ansonsten eher stille Dieter zu Wort. Er hätte in einer Zeitungsmeldung gelesen, dass man in einem kleinen Zoo in Gaza einem Esel das Fell auf absolutes Kurzniveau geschoren und ihm dann per Farbe schwarze und weiße Streifen verpasst hatte. Und schon hatte der Zoo ein Zebra! Und da es niemand bemerkt hätte, seien die Palästinenser in den Zoo geströmt wie lange schon nicht mehr, um die neue Attraktion ehrfurchtsvoll zu bestaunen. Der Trick hatte funktioniert!

Gespannt schauten wir Dieter an, denn noch wusste keiner so recht, auf was er hinaus wollte. Also, schlug dieser vor, müsse man eine ähnliche Strategie fahren. »Wenn die Eintracht z. B. in den Farben vom FC Barcelona aufliefe, wo die Bayern ja letzte Saison eine traumatische Megaklatsche bekommen haben und wenn sie dann vielleicht noch Lionel Messi-Perücken trügen … dann könnte das die Münchener Spieler total verunsichern!« Für einen kurzen Moment starrten wir ihn an, wie man einen Verrückten eben so anstarrt. Dann erhoben sich alle kopfschüttelnd, um kurz drauf nach Hause zu gehen. Nein, die Aufgabe in München schien uns unlösbar.

Mutproben unter Kindern gab es ja schon immer. Aber für die, die sich die kleinen Eintracht-Kids für einen von ihnen ausgedacht haben, braucht es schon besonders viel Mumm! Und während sie das dann auch noch fotografieren, können die Erwachsenen nicht mal hingucken … .

Tja, Tagebuch, und daran sieht man mal wieder, wie sehr man sich täuschen kann. Denn wir waren am Samstag tatsächlich nah dran! Und auch wenn es übertrieben klingen mag … ich hab fast geflennt beim Siegtor für die Bayern. Nicht aus tiefer Traurigkeit, sondern vor Wut! Allein die Pose von Van Gaal beim 2:1 war so überheblich und unsympathisch, dass es schon aus ethischen sowie ästhetischen Gründen hätte nicht gegeben werden dürfen. Und auch der Kameraschwenk auf die versammelte Chefetage auf der Tribüne, passenderweise auch noch ergänzt von »Fokus«-Herausgeber Helmut »Fakten, Fakten, Fakten« Marktwort, oder der Ausschnitt von Karl-Heinz Rummenigges »Brandrede« nach der Niederlage in Bordeaux machten es einem unter zwischenmenschlichen Aspekten nicht wirklich leichter, auch nur ansatzweise so etwas wie einen wohlwollenden Gedanken zu entwickeln. Genauso wenig wie die Interviews nach dem Spiel, in denen sie allesamt so taten, als wäre das Spiel gegen Frankfurt eher ein lästiger Pickel gewesen, den man zum Glück noch schnell hatte ausdrücken können, bevor man sich endlich wieder unter Seinesgleichen begeben konnte.

Nein, ich habe es dieser Ansammlung von selbstgefälligen Herrenmenschen einfach nicht gegönnt! Ganz zu schweigen von der falschen Abseitsentscheidung gegen Alexander Meier, die ein vermutlich alles entscheidendes 2:0 verhindert und uns so um den großen Triumph gebracht hat. Natürlich weiß ich, dass die Bayern überlegen waren, und Oka Nikolov bis auf seinen mittlerweile ritualisierten Großpatzer schon all seine Klasse aufbieten musste, um den Rückstand zu verhindern. Aber mal ganz ehrlich … wen interessiert das? Die Bayern mussten das Spiel machen, sie mussten uns eigentlich auseinandernehmen, was sie aber nicht geschafft haben. Weil die Eintracht sich gewehrt hat, und das für ihre Verhältnisse ziemlich gut!

Deswegen ist der Ausgang dieses Spiels nicht nur unbefriedigend, er ist, durch die schwarz-rote Brille betrachtet, ausgesprochen schmerzhaft! Und unter dem Aspekt, dass

Arroganz und Überheblichkeit eigentlich bestraft gehören, zudem auch noch ungerecht!

Aber da wir Hessen ja nicht umsonst weltweit das Patent auf unverwüstlichen Optimismus besitzen, gilt es natürlich, vor allem das Positive aus dieser Niederlage mitzunehmen. Und das ist nicht mal wenig! Denn 1) Die Bayern sind derzeit definitiv nicht unschlagbar! 2) Im Pokal haben schon viel aussichtslosere Davids viel anscheinend unzerstörbare Goliaths von den Beinen geholt. 3) Wer sich gegen Bayern teuer verkauft, wird danach sein Spiel zu Hause gegen Bochum, ohne viel nachzudenken, überlegen und möglichst klar gewinnen! Das wiederum führt 4) zu einem noch entspannteren Platz in der Tabelle, was 5) wiederum Leichtigkeit und Selbstvertrauen erzeugt. Und mit der kann man, egal gegen wen, eine Menge erreichen in dieser Liga! Was dann 6) wäre ...!

Ja, liebes Tagebuch, und jetzt, nachdem ich mir Luft verschafft habe, geht's mir auch schon besser!

Der Einstein-Effekt

Wenigstens wird's im Pokal nicht so ärgerlich knapp und unverdient, und immerhin folgt auf das Heim-0:4 gegen Bayern München ein Drei-Punkte-Spiel gegen Bochum (2:1). Aber nachdem die Eintracht für Hennis progressive Zebra-Taktik noch nicht reif genug erscheint, setzt er nun für die nächsten Spiele auf eine bewährte Geistesgröße des vergangenen Jahrhunderts. Wirkt der Einstein-Effekt?

Ja, liebes Eintracht-Tagebuch,

heute muss ich Dir was gestehen. Nach der fiesen Bayern-Woche war ich doch ziemlich besorgt was die psychische Verfassung der Eintracht-Spieler betraf. Und skeptisch und zugleich unglaublich neugierig, ob Michael Skibbe die Jungs wirklich wieder aufrichten und auf das Bochum-Spiel einstellen konnte. Als ich dann auch noch las, dass er sich mit der Mannschaft zwecks Selbstfindung an einen geheimen Ort zurückzuziehen gedenke, hielt ich es nicht mehr aus. Ich schlich mich heimlich zum Abfahrtort des Mannschaftsbusses, kroch in einem unbemerkten Moment in das Gepäckfach und fuhr so heimlich einfach mit. Ja, ich weiß, das gehört sich nicht, aber ich musste einfach wissen, was der Trainer vorhatte. Die Fahrt dauerte nicht lange, dann hielt der Bus auch schon wieder. Als alle ausgestiegen waren und ich definitiv nichts mehr hörte, verließ ich mein Versteck. Und wunderte mich nicht schlecht, denn ich befand mich auf einem Hinterhof inmitten des Frankfurter Universitätsgeländes. Ich betrat ein große Gebäude, und schon nach kurzer Suche hatte ich sie gefunden. Skibbe hatte die komplette Mannschaft samt Trainerstab in einem Hörsaal versammelt! Und nun saßen sie dort, wo sonst die Studenten den Professoren lauschten. Leicht unsicher, aber durchaus gespannt. Genau wie ich, kauernd in einer dunklen

Ecke des Saales, von der aus ich alles gut beobachten konnte. Ein Techniker fuhr das Licht runter, schaltete einen Beamer ein, und schon erschien auf einer riesigen Leinwand das Gesicht eines ausgesprochen berühmten Mannes.

»Na«, fragte Skibbe forsch, »wer ist das?« Was einfach zu beantworten war, denn diesen listigen Blick unter den weißen Wuschelhaaren plus der rausgestreckten Zunge hatte jeder schon irgendwann mal gesehen.

»Albert Einstein«, riefen die Spieler. Nur Benjamin Köhler grölte »Urban Priol!«, wofür er einen kurzen strengen Blick seines Trainers erntete. »Richtig, das ist Albert Einstein! Wer weiß Näheres über ihn?« »Das war ein Wissenschaftler, der hat was mit so 'ner Theorie gemacht!« Patrick Ochs schien sich auszukennen. »Richtig!«, nickte Skibbe, »er schuf die Relativitätstheorie! Aber die jetzt hier zu erklären, würde zu lange dauern, und deshalb sind wir auch gar nicht hier. Albert Einstein gilt als einer der bedeutendsten Köpfe aller Zeiten ...« »Uwe Seeler auch« rief erneut Köhler, der sich königlich über seinen eigenen Joke amüsierte. Skibbe, dies überhörend, schaute eindringlich in die Runde. »Stellt euch vor, dieser außerordentlich kluge Mann würde noch leben, und ihr würdet ihm begegnen! Würdet ihr auf ihn hören, wenn er euch etwas sagt?« »Ja, logo! Von so einem kann man immer lernen!« Dem leicht griechischen Akzent nach hatte Ioannis Amanatidis diesmal geantwortet. Aber auch die anderen Spieler nickten bejahend. »Schön, dass ihr das auch so seht. Denn Albert Einstein hat eine Menge kluger Dinge gesagt ... und ein paar davon würde ich euch gerne mit auf den Weg geben. Also ... dann passt mal gut auf! Hier Beispiel Nr. 1 ...« Schon erschien auf der Leinwand, fett gedruckt und bestens lesbar, ein erstes Zitat Einsteins: »Persönlichkeiten werden nicht durch schöne Reden geformt, sondern durch Arbeit und eigene Leistung!« Fragend schaute Skibbe in die Runde. »Und? Was bedeutet das für uns?« Erneut war es Amanatidis, der antwortete. »Dass wir statt dauernd Interviews lieber Gas beim Spiel geben sollten!« Skibbe nickte zufrieden. Schon erschien Zitat Nr. 2. »Gott würfelt nicht!« Jetzt meldete sich

Albert Einstein und die Mutter von Michael Skibbe!

Marco Russ. »Dass das 0:4 gegen Bayern kein Zufall war..!« »Richtig«, ergänzte Skibbe, »... sondern eine Tatsache. Und zwar eine ziemlich bittere ... Hier Beispiel Nr. 3 ...« «Probleme kann man niemals mit derselben Denkweise lösen, durch die sie entstanden sind.« »Ich glaube, das soll heißen, dass wir gegen Bochum anders rangehen sollten als im Pokalspiel!« »So was in der Richtung wollte ich hören, Oka! Dazu passt übrigens auch das hier ...« »Mehr als die Vergangenheit interessiert mich die Zukunft, denn in ihr gedenke ich zu leben.« Alle nickten, alle hatten verstanden, dass man die Klatsche vom Mittwoch einfach vergessen sollte. Und schon gab es den nächsten Satz zu lesen: »Fantasie ist wichtiger als Wissen, denn Wissen ist begrenzt!« Diesmal dauerte es einen Moment, bis sich einer, im Schweizer Dialekt, zu interpretieren traute. »Das könnte bedeuten, dass wir uns beim Spiel auch mal trauen sollten, etwas Neues, Unerwartetes zu probieren, oder?« Jetzt strahlte der Trainer, denn auch in diesem Moment bestätigte sich, dass es richtig gewesen war, Pirmin Schwegler zu verpflichten. »Sehr gut, Pirmin! Und was soll uns das hier sagen ... ?« »Um ein tadelloses Mitglied einer Schafherde sein zu können, muss man vor allem ein Schaf sein.« Jetzt sprang zu aller Überraschung Caio, dessen Dolmetscher ihm bislang alles übersetzt hatte, von seinem Sitz auf. »Das soll heißen, dass man soll nie das machen, was alle machen. Je eigensinniger desto besser!«

»Nicht ganz«, murmelte Michael Skibbe leise, »nicht ganz. Aber wenn ich ihm das jetzt genauer verklickern will, dauert das Tage …« Stattdessen gab er dem Saaltechniker das Signal, das nächste Zitat zu zeigen. »Das Geld zieht nur den Eigennutz an und verführt stets unwiderstehlich zum Missbrauch!« Schon kam von weit hinten die Antwort. »Das hat nichts mit uns zu tun, damit ist Schalke 04 gemeint!« Die Stimme kannte jeder im Saal, also nickten alle nur stumm. Wer würde Heribert Bruchhagen schon widersprechen wollen? Stattdessen erschien der nächste Satz. »Holzhacken ist deshalb so beliebt, weil man bei dieser Tätigkeit den Erfolg sofort sieht.« »Damit bin ich gemeint!« Verlegen hatte sich Maik Franz von seinem Platz erhoben. »Das soll heißen, dass ich nicht technischer spielen soll, als ich kann, sondern lieber zur Sache gehen soll! Damit mir so eine Scheiße wie gegen Bayern nicht noch mal passiert.« Skibbe war sichtlich angetan von all diesen Einsichten. »Gut, Männer, eins zeig ich euch noch, dann war's das für heute!« Noch einmal schauten alle konzentriert auf das, was da vorne stand. »Die besten Dinge im Leben sind nicht die, für die man Geld bekommt!«

Eine gefühlte Ewigkeit starrten sämtliche Spieler auf diesen Satz, während ratlose Stille den Raum erfüllte. Endlich sagte einer was. »Ich bin müde, ich muss ins Bett!« »Ich muss auch nach Hause, ich hab vergessen, meine Playstation auszuschalten … « Sofort erhoben sich alle, um sich Richtung Ausgang zu bewegen.

Ja, liebes Tagebuch, mit diesem Zitat hatte der Trainer seine Jungs offensichtlich dann doch überfordert. Aber den Rest schienen sie begriffen zu haben. Denn am Sonntagabend haben sie, nach einer schwierigen Woche, gewonnen! Ob der Einstein-Effekt allerdings auch beim Spiel in Leverkusen greift, weiß ich nicht so recht, die sind immerhin Erster und ausgesprochen gut drauf! Aber vielleicht sollten wir uns für den Moment einfach erstmal nur über den Dreier gegen Bochum freuen. Denn wie hat der kluge Mann mit den weißen Haaren auch sinngemäß gesagt … »Die Zukunft kommt früh genug …« Und wo er recht hat, hat er recht!

Die »To-do«-Liste

Nein. Einstein wirkt nicht. Nach dem 0:4 am 6. November in Leverkusen holt Skibbe zu einem Rundumschlag aus und fordert mehr Engagement und neue Spieler, was Bruchhagen nicht gerade amüsiert. In Frankfurt brodelt's – aber dann geschieht am 10. November 2009 etwas, was alle vordergründigen Fußball-Aufgeregtheiten als das erscheinen lässt, was sie sind: nichtig. Es folgen echte Bestürzung und Trauer, aber auch manch falsche Betroffenheits-Rituale. Ein Comedian findet die wahrhaftigsten, angemessensten und anrührendsten Worte.

Liebes Eintracht-Tagebuch,

in Amerika, genauer gesagt in Hollywood gab es bis vor ein paar Jahren einen ausgesprochen lustigen Komiker namens Chris Farley. Er war das, was man einen ›Physical Comedian‹ nannte. Einer, der mit seiner Körpersprache und Mimik die Leute zum Lachen brachte. Was ihm leichtfiel, denn außer über sein Talent verfügte er auch noch über einen unglaublich voluminösen Körper, den er in seinen Auftritten und Filmen immer wirksam einzusetzen wusste. Leider wurde er nicht sehr alt, gerade mal dreiunddreißig. Als Todesursache wurde vor allem sein Drogenkonsum genannt, was in Hollywood ja vorkommen soll. Und da damit soweit alles erklärt war, ging man nach kurzer Trauerzeit wieder zur Tagesordnung über. Außer einigen engen Freunden. Diese nämlich machten öffentlich, dass Chris Farley stark gelitten hätte unter seinem Markenzeichen, das ihm einerseits zwar Erfolg, andererseits aber dafür gefährliche Fettsucht beschert hatte. Die Angst, im Erfolgsfall einer Diät als »dicker Komiker« fallen gelassen zu werden, hätte ihn, den ohnehin schon extrem Unsicheren, in die Verzweiflung und deshalb über Drogen und Exzesse letztendlich in den Tod getrieben.

Natürlich weißt Du, warum ich Dir das schreibe! Denn auch wenn Robert Enke kein übergewichtiger Komiker, sondern ein gut trainierter Sportler war, drängen sich natürlich gewisse Parallelen auf. Die Angst, den Erwartungen nicht zu genügen oder einem bestimmten Bild nicht zu entsprechen, ist ja kein sporteigenes Phänomen, sondern allgegenwärtig. Was eigentlich absurd ist, denn den Menschen ohne Schwachpunkt gibt es auf diesem Planeten ja definitiv nicht, und gerade die Defizite der anderen erlauben uns selbst oftmals einen milderen Blick auf die eigenen Unzulänglichkeiten. Wenn man aber zu tief drinsteckt in diesem Fassadenspiel, wenn es bedrohlich um die Existenz geht und man den Mut oder die Kraft verloren hat, sich dagegen zu wehren, ist es für viele Menschen oft zu spät. So wie bei Robert Enke. Oder einer meiner besten Freundinnen, Andrea, die ich genau deswegen vor ein paar Jahren verloren habe. Auf ihre Versagensängste folgten Depressionen und dann Krebs. Natürlich hat mich ihr Tod wesentlich härter getroffen als der eines Fußballers, den ich nur aus dem Fernsehen kannte. Trotzdem hat mich seine Geschichte bewegt, und ob ich deswegen nun Bestandteil einer trauernden Massenbewegung bin oder nicht, ist mir ehrlich gesagt, komplett egal.

Nicht egal hingegen sind mir all die Reaktionen und Lippenbekenntnisse innerhalb seiner Branche! Natürlich versprechen jetzt alle Besserung und umsichtigeren Umgang miteinander, und wahrscheinlich meinen sie es dieser Tage auch ernst.

Chris Farley

Aber soll ich Dir was gestehen, Tagebuch? Ich glaube nicht, dass sich wirklich etwas ändern wird! Natürlich ist der Schock bei allen groß, und vor allem in den

Führungsgremien beim DFB usw. müssen sie erst einmal lernen, mit etwas umzugehen, was sie bis dato nicht kannten. Aber vor rund zwei Jahren hat sich mit Sebastian Deisler schon mal einer gemeldet, der auch unter schweren Depressionen gelitten hat. Auch da haben alle ernst und angemessen ihr Bedauern bekundet und angekündigt, sich dem Thema anzunehmen. Aber ein paar Wochen später war das Thema dann doch keines mehr, sodass es kurzerhand von der dringlichen »To do«-Liste gestrichen wurde, und stattdessen im »Das machen wir später«-Ordner verschwand. Wobei das kein Vorwurf sein soll. Profifußball ist mit Sicherheit ein anstrengendes, oft an die Nerven der Verantwortlichen gehendes Tagesgeschäft, bei dem es tausend verschiedene Dinge zu beachten und zu handhaben gilt. Und in dem Oberflächlichkeit eine ähnliche Funktion hat wie die Lackveredelung bei einem Luxuswagen. Und der soll nun mal vor allem glänzen, gut aussehen und möglichst wenige Kratzer bekommen, denn nur so kann man ihn möglichst teuer verkaufen. Und genau deswegen ist eben schon immer zu wenig Platz für die tieferen, wirklich ernsten Themen. Und das wird sich, allen derzeitigen Emotionen zum Trotz, nicht maßgeblich ändern. Außerdem ist Fußball schon immer eine riesige Spielwiese für Alphatiere. Und die haben von Natur aus viel zu viel mit sich selbst zu tun. Vielleicht unterbrechen sie mal, wie an diesem traurigen vorletzten Dienstag, für einen Moment ihr Trommeln auf dem eigenen Brustkorb … aber für längeres Innehalten oder gar Reflexion ist das Alphatier an und für sich einfach nicht geschaffen!

Damit Du mich nicht missverstehst, liebes Tagebuch … ich wünsche mir nichts mehr, als dass ich mit all meinen Bedenken komplett falsch liege! Nur glaube ich es nicht so recht.

Ach so, und bevor ich es vergesse … die Eintracht spielt am Samstag gegen Gladbach. Eigentlich ein wichtiges Spiel.

Trotzdem verspüre ich aufgrund der letzten Tagen eher eine Art Gleichgültigkeit. Aber mach Dir keine Sorgen, Tagebuch, die alte Aufgeregtheit, das Fiebern und Warten auf den nächsten Spieltag kommt bestimmt bald wieder.

So wie alles andere vermutlich auch …

Wahrscheinlich doch wahrscheinlich

Depression ist durch, Wettbetrug ist dran. Nach dem Betroffenheits-Kult boomt die Empörungs-Ritualistik. Die One-Issue-Gesellschaft, die sich immer nur an einem Hauptthema gleichzeitig erregen kann, hat Robert Enke nach dem Gedenkminuten-Spieltag endgültig beerdigt. Von dem neuen europaweiten Wettskandal hört man später allerdings verdächtig wenig. Als Thema immer aktuell und nie out: unsere Eintracht. Wer dezimiert und ohne Stürmer auf Torejagd gehen muss, verliert (1:2 in Gladbach). Klar. Und gewinnt: 3:1 in Berlin! Kaum zu glauben. Im Physik-Unterricht früherer Jahre sucht und findet Henni Erklärungspotenzial. Beim Opa hat's gewirkt.

Liebes Eintracht-Tagebuch,

als ich noch zur Schule ging, hatten wir einmal aufgrund großen Lehrermangels einen Dozenten von der Uni Frankfurt als Aushilfslehrkraft, der uns für ein halbes Schuljahr in Physik unterrichtete. Der gute Mann war schon über siebzig und durchaus das, was man gerne einen »alten Kauz« nennt. Da er schwerhörig war und sich zudem gerne mal vergaloppierte, indem er mit einem Thema anfing, dieses urplötzlich verließ, um mit etwas komplett anderem weiterzumachen, das er wiederum mit was ganz Neuem beendete, gerieten die Stunden bei ihm immer zu einer Art ›Happening‹. Was aber nicht heißen soll, dass er nichts drauf hatte! Einmal fragte ich ihn nach dem Unterricht, in dem es nach Quantenphysik und Thermodynamik schließlich um die zukünftige Entwicklung des Universums gegangen war, wie wahrscheinlich das denn alles sei. Worauf er antwortete »Wissen Sie, junger Mann, das mit der Wahrscheinlichkeit ist so eine Sache. Weil vieles, was wahrscheinlich ist, bei genauer Betrachtung dann doch wahrscheinlich eher unwahrscheinlich ist!« Dieser Satz hat mein Leben nachhaltig verändert! Denn an diesem Tag hat er eine neue Leidenschaft in mir geweckt! Und zwar die für Prognosen!

Ja, ich liebe Prognosen! Natürlich nicht solche, die auf Berechenbarkeiten basieren wie z. B. die vor politischen Wahlen. Die sind ja langweilig. Nein, ich meine die, die vor allem aus Annahme und Gefühl heraus entstehen! So wie z. B. bei meinem Opa mütterlicherseits! Jeden Tag stand er in seinem Garten und schaute in den Himmel. Wenn er dann kopfschüttelnd meinte »Morje wird es schütte wie aus Kübeln und saukalt!«, stieg das Thermometer am nächsten Tag dank durchgehend strahlender Sonne auf 30 Grad! Wenn es hieß »Am Sonntag mache mer alle zusamme an de Baggersee!«, saßen wir genau dann zusammen am Fenster und verfolgten das heftigste Gewitter des Jahres. Wenn er ankündigte, aufgrund seines persönlichen Biohochs endlich das marode Dach zu reparieren, fesselte ihn sein noch maroderer Rücken ans Bett. Und als er sich sicher war, dass sein VW-Käfer noch »locker 90 000 Kilometer« schaffen würde, blieb dieser prompt bei der kurzen Fahrt zum EDEKA nicht nur liegen, sondern wurde kurz drauf verschrottet.

»Und jetzt knobeln wir darum, wer das nächste Tor schießen darf! Schnick, Schnack, Schnuck ... oh ... alle drei Stein! Noch e ma ...!«

Aber, liebes Tagebuch, nicht nur mein Opa konnte sich irren. Im Jahr 1926 hat z. B. ein Mann namens Lee De Forest im Hinblick auf das Fernsehen gesagt »Theoretisch und technisch mag das Fernsehen denkbar sein, aber kommerziell und finanziell sehe ich es als Unmöglichkeit an. Es ist müßige Zeitverschwendung, davon zu träumen«. De Forest war übrigens Erfinder, hielt über 180 Patente und gilt als Vater des amerikanischen Radios.

Im Fußball gibt es auch Tag für Tag Prognosen. In meinem Freundskreis z. B. war die Niederlage der Eintracht in Berlin bereits vor dem Spiel beschlossene Sache. »Des is doch eh klar, die sind doch schon immer des personifizierte Aufbaumittel für Totgeglaubte. Die kriegen fünf Stück, fertisch!« Auch ich war eher suboptimistisch, gebe ich zu. Aber auch wenn der Gegner eher schwach war, haben uns die Eintracht-Spieler dennoch gezeigt, dass man schnell viel vorhersagen, man sich aber auch schnell viel irren kann! Und genau dies nährt meine Hoffnung in diesen Tagen. Stell Dir doch mal vor, Tagebuch, dass diese Mannschaft uns hier plötzlich alle Lügen straft. Dass sie ihre spielerische Limitiertheit durch extremen Einsatz kompensiert und endlich das Feuer zeigt, dass wir ihr nicht so recht zutrauen. Dass Skibbes Lust am Angriffsfußball keine Seifenblase bleibt, sondern immer mehr erkennbar wird! Dass Korkmaz sich und uns wieder daran erinnert, dass er bei der letzten EM als Nationalspieler die Massen begeistert hat. Und dass die wirklich starken Mainzer, allen Unkenrufen zum Trotz, besiegt werden!

Mal ehrlich, das wäre doch einfach großartig, wenn sich all die derzeitigen Prognosen in Sachen Eintracht in Luft auflösen würden. Ich weiß, was Du jetzt denkst, Tagebuch. Dass das unrealistisch ist und ich übertreibe. Mag sein. Aber ich erinnere mich an ein Wochenende, da hat mein Opa mir zugeflüstert, dass er spüre, dass es mit seiner Manneskraft für immer und ewig vorbei sei. Und am nächsten Morgen lief unsere Oma kopfschüttelnd und selig grinsend durch die Gegend! Weil es eben nichts gibt, was es nicht gibt. Auch im Fußball. Und deswegen, liebes Tagebuch … lass das doch einfach mal so stehen! (Was ehrlich nicht doppeldeutig gemeint ist!)

Im Hinterhof des Fußballs

Während Bayern Münchens wundersame und, ja, geben wir's zähneknirschend zu, Sympathie weckende Wandlung zu attraktivem Fußball mit einer 4:1-Sensation bei Juventus Turin beginnt, was auch das Signal für eine erfolgreiche Aufholjagd in der Bundesliga ist, scheint in Frankfurt so etwas wie gediegene Konstanz einzukehren: 2:0 gegen Mainz, 1:1 in Hoffenheim, 2:2 gegen Wolfsburg – da könnte Henni am Jahresende durchaus zufrieden Halbzeit-Bilanz ziehen. Tut er auch. Wenn da nur nicht einige sehr unschöne Nebenschauplätze wären.

Natürlich, liebes Eintracht-Tagebuch,

weißt Du, dass es in Deutschland überall immer mehr Fußballschulen für Kids gibt. Unser Frankfurter Rekordspieler Charly Körbel, der »treue Charly«, z. B. hat so eine hier bei uns in der Gegend. Und genau wie er unterrichten auch in anderen Regionen vor allem Ex-Profis fußballbegeisterte Kinder und versuchen, die besonders talentierten zu fördern. Was ja prima ist!

Aber wusstest Du, dass es auch noch ganz andere »Fußballschulen« gibt, die mit denen eben genannten eher so gar nichts zu tun haben? Siehst Du, ich auch nicht. Bis mich ein Freund angerufen und mir davon erzählt hat. Der lebt mit seiner Familie in Berlin, und sein Sohn hat eine dieser Schulen durch Zufall beim Zeitungsaustragen in einem schäbigen Hinterhof eines noch schäbigeren Mietshauses entdeckt, übrigens gar nicht weit entfernt vom mittlerweile berüchtigten Cafe King.

»School of Destruction« steht auf dem Klingelschild, was so viel heißt wie »Schule der Zerstörung«. Wobei »Destruction« auch für »Destruktivität« oder Ähnliches steht. Um dort aufgenommen zu werden, braucht man keinerlei Qualifikation, es reicht einfach »die richtige Einstellung«. In diversen

Unterrichtsräumen kann man jede Menge verschiedener Fächer belegen, das Angebot ist wirklich groß. So gibt es z. B. ein »Musikzimmer«, in dem man besonders höhnische Fangesänge einzustudieren lernt. Direkt daneben ist der »Rhetorikraum« in dem unzählige rassistische, polemische bis einfach nur unsäglich blöde Parolen an der Tafel stehen und in dem man auf einem Fernseher diverse Aufzeichnungen der fiesesten Fanaktionen aus aller Welt bestaunen kann. Zum Beispiel die, in der gehirnfreie Fans von Liverpool vor einigen Jahren die Anhänger von Manchester provozierten, indem sie mit ausgebreiteten Armen an das Flugzeugunglück von 1958 erinnerten, bei dem damals die halbe ManU-Mannschaft ums Leben kam. Im sogenannten »Trick and win«-Raum bekommt man alle Infos, die man zu einem handfesten Wettbetrug braucht, von »Bestechung üben« über »Hotelköche zur Spielervergiftung zwingen« bis hin zur gepflegten »Mittäterdenunzierung«. Des Weiteren gibt es ein mit Beton ausgegossenes »Blutgrätschen-Zimmer«, in dem man besonders wirksame Fouls trainieren kann! Und eine »Eltern-Beratungsstelle«, in der z. B. Väter harmloser, unschuldiger Fußballknirpse lernen, wie man aufgrund unterirdischer Schiribeleidigungen und

Noch ist es ruhig auf dem Schulhof der »School of Destruction«, aber gleich klingelt es zur großen Pause …

besonders unappetitlicher Prügeleien selbst ein F-Jugendspiel zum Abbruch treiben kann. Auch schön ist neben dem »Hooligan-Stübchen« die Busattrappe, an der man wahlweise Sitzblockaden in Kombination mit Todesdrohungen in Richtung Spieler oder auch das Stürmen des Mannschaftsbusses direkt trainieren kann. Ja, und es gibt sogar ein »Dietmar-Hopp-Zimmer«, in dem man den besonders Blöden ihr Resthirn wäscht, indem man ihnen immer und immer wieder erzählt, dass der Besagte ein schlimmer Mensch sei. Bis keiner mehr von ihnen auch nur ansatzweise realisieren kann, dass ausgerechnet Dietmar Hopp ein sozial hochengagierter Mann und Hoffenheim kein Feind, sondern, wenn überhaupt, Spiegelbild des bezahlten Fußballs ist!

Ja, liebes Tagebuch, jetzt weißt Du, warum es neben den schönen Seiten des Fußballs auch die fiesen gibt. Und warum es in den letzten Monaten so (zu) viele unangenehme Nebenschauplätze gab. Dummerweise kann man diese Art von Schulen nicht komplett schließen, was aber nicht heißt, dass man sich nicht verstärkt gegen ihre Existenz wehren soll. Zum Beispiel indem wir unseren Kids nimmermüde klarmachen, dass solche Dinge so gar nichts mit den Grundgedanken des Fußballs zu tun haben, und wie schön und bedeutsam es ist, z. B. einer von Charly Körbels Fußballschülern zu sein! Das mag naiv klingen, aber mitunter ist Naivität immer noch ein besserer Ratgeber als Blödheit oder Boshaftigkeit!

Das, liebes Tagebuch, wollte ich so kurz vor der Winterpause und dem Jahreswechsel einfach noch mal loswerden. Was aber bestimmt nicht heißen soll, dass ich frustriert wäre! Das nicht! Denn da ist ja noch mein Eintracht-Fan-Anteil in mir, und dem geht es gut dieser Tage! Zumal unsere Mannschaft das prima gemacht hat die letzten Spiele, das sah mitunter schon ausgesprochen vielversprechend aus. Und deswegen habe ich auch meinen Wunsch, nämlich einen Dreier gegen Wolfsburg, wieder von meiner Liste für den Weihnachtsmann gestrichen. Denn bei allem Respekt vor dem Mann im roten Gewand … das könnte die Eintracht am Samstag auch von ganz alleine schaffen!

Kettenreaktion

Unterhaltungsprogramm in der Winterpause: Skibbe vs. Bruchhagen. Der Vereinsboss ist genervt von der Kritik des Trainers an seiner Personalpolitik, aber bevor weiteres Ungemach droht, droht Henni den Streithähnen kurz vor Rückrundenauftakt mit einem echten »Brocken«.

Auch wenn ich gerade etwas in Eile bin, liebes Eintracht-Tagebuch,

muss ich Dir doch schnell was erzählen! Gestern habe ich meinen Freund »Brocken« besucht, um ihm endlich ein gutes neues Jahr zu wünschen! Du weißt schon, der, der sich diesen Namen über viele Jahre mit viel Hingabe und den entsprechenden Kalorienbomben redlich »erarbeitet« hat. Da ich ihn das letzte Mal vor Weihnachten gesehen hatte, und die Feiertage ja nicht unbedingt von essenstechnischer Enthaltsamkeit geprägt sind, vermutete ich, ihn mit persönlichem Höchstgewicht anzutreffen! Doch weit gefehlt! Schon als er mir die Tür öffnete und ich statt seiner gewohnten Schinkenspickerbäckchen diese leicht eingefallenen Wangen sah und kurz drauf bemerkte, dass das XXXL-Eintracht-Trikot, das er trug, tatsächlich noch ein bisschen Platz bot, statt wie eine zweite Haut an ihm zu kleben, wusste ich … mein Freund hatte abgenommen!

»Gude, Brocken, Du machst ja Diät! Find ich super!«, begrüßte ich ihn gut gelaunt. »Von wesche ›Diät‹ …« brummelte er miesepetrig, »ich bin im Hungerstreik!« Irritiert nahm ich auf seiner rot-schwarzen Couch Platz. »Hungerstreik? Wieso das denn?« »Weil ich des alles net mehr aushalte! Dieser Konflikt macht mich auf Dauer fix und fertisch! Deswegen muss jetzt aaner ma en Zeiche setzen, sonst hört des nie uff!« Ich überlegte, was er wohl meinte. »Meinst du die Juden und Palästinenser, und dass es da immer wieder

»... und deswegen, lieber Michael Skibbe, müssen Sie sich schon damit anfreunden, dass ich hier das Sagen habe!«

von vorn losgeht?« »Nee!« »Spanien und die ETA!« »Auch net!« »Amis und Taliban?« »Schlimmer!« »Was iss'n noch schlimmer?« Brocken schaute mich ernst an. »Skibbe und Bruchhagen!« »Was?« »Ja! die kriegen des einfach net in Griff. Immer will der aane genau des, was de annern net will! Des zermürbt mich langsam ...« »Aber du kannst doch die inhaltliche Auseinandersetzung der beiden nicht schlimmer einstufen als einen religiösen Krieg!« Gereizt musterte mich mein Kumpel. »Ach nee? Find ich aber schon. Des is jetzt schon es dritte Ma, dass en Spieler net kommt, auf den ich mich gefreut hab. Erst de Lincoln, dann de Gekas, der stattdessen zum todsicheren Absteiger geht, und jetzt dieser Djebbour. Des is, wie wenn am Weihnachtsabend immer wieder jemand mim Glöcksche bimmelt, man ins Wohnzimmer rennt, um dann jedes Mal festzustellen, dass schon wieder keine Geschenke unnerm Baum liegen! Ich kann de Skibbe verstehen, dass er mit Rücktritt droht. Ich pack das auch alles net mehr! Noch ein so'n Ding, und ich werd Kickers-Fan ...!« »Klar! Und Osama bin Laden wird amerikanischer Präsident! Mensch, Brocken, jetzt mach mal halblang. Du musst auch Bruchhagen und die anderen im Vorstand verstehen. Da ging es um viel Geld, was die Eintracht nicht unbedingt hat. Dazu kommt, dass Lincoln und Gekas ja keine jungen Hüpfer mehr sind und man nicht weiß, wie lange sie uns wirklich hätten weiterhelfen können. Und das Verhalten von AEK Athen bei Djebbour war einfach billligste Kiste. Da geht's auf'm Flohmarkt in Hanau ja noch seriöser zu!« »Interessiert mich alles net! Ich sage … mer brauche noch'n Stürmer!« »Und ich sage … ja, aber nicht um jeden Preis!« Wütend fügte ich hinzu »Wenn du übrigens hier zu Hause vor dich hinhungerst, bekommt das draußen keiner mit. Wenn du Aufmerksamkeit erzeugen willst, solltest du dich am besten am Stadion irgendwo nackt anketten, und dir ein Schild umhängen: ›Ich hungere für einen neuen Stürmer‹!« Trotzig schweigend starrten wir einige Minuten in entgegengesetzte Richtungen. Plötzlich huschte ein Grinsen über Brockens Gesicht. »Ich sag dir … wenn ich des mach, ham die schneller en neuen Mann verpflichtet als mer gucke könne!« »Stimmt«, antwortete ich kurz feixend, »zumal übermorgen im Stadion Tag der offenen Tür ist. Des können die sich tatsächlich net erlauben! … Aber jetzt mal im ernst! Beide, Bruchhagen und Skibbe, sind Leute mit Ahnung und Sachverstand! Das werden die doch irgendwie auf die Reihe kriegen!« »Kann ich net wirklich beurteilen. Aber ich weiß, dass wir uns beeilen müssen! So, und jetzt zieh deinen Mantel an!« Fragend schaute ich ihn an »Wieso? Wo willst du denn hin?« Entschlossen schaute mir Brocken in die Augen. »Ei zum Baumarkt! Ne ordentliche Kette kaufen! Auf jetzt, die mache bald zu …!«

So war das gestern, liebes Tagebuch! Jetzt muss ich mich beeilen, denn Brocken wartet samt Kette unten im Auto. Wir müssen los …!

»Ich habe gerade unserem neuen Trainer kurz die hiesigen Verhältnisse erklärt, und ich glaube, er hat begriffen, wie ernst mir das ist …!«

7 minus

Der Start in die zweite Saisonhälfte macht Freude und verleitet zu Zahlenspielen mit Lieblingszahlen: 1:0 gegen Bremen, 1:1 in Nürnberg, macht Platz 7. Henni liebt diese Zahl. Schöner ist eigentlich nur noch eine 6 im Lotto. Am schönsten aber wär' ein Sechser in der Tabelle. Köln kommt!

Liebes Eintracht-Tagebuch,

auch heute muss ich Dir mal wieder was sehr Persönliches anvertrauen! Ich habe ein fast schon irrational inniges Verhältnis zu Zahlen. Kein Quatsch! Ich kann mir z. B. Telefonnummern leichter merken als Namen! Und ich weiß oft noch Monate nach einem Hotelbesuch, welche Nummer mein Zimmer hatte ... während ich nicht mehr zusammenbekomme, warum ich überhaupt da war. Und je länger ich mich mit dieser Materie beschäftige, umso mehr lerne ich über die großen Unterschiedlichkeiten bei Zahlen. Eine der definitiv bedeutendsten ist übrigens die Sieben. Die Zahl ist der Hammer! In der biblischen Zahlensymbolik z. B. steht sie für Vollkommenheit, und im antiken Rom war sie sogar ganz offiziell Gott geweiht. Papst Gregor der Große erstellte seinerzeit die Liste der sieben (ausnahmslos guten) Tugenden, und in der katholischen Kirche kennt man nicht nur schon seit jeher die sieben Sakramente (wie z. B. die Ehe), sondern auch noch die sieben Gaben des Heiligen Geistes (wie z. B. Weisheit oder Stärke). Selbst der gute alte Pythagoras von Samos ordnete der Sieben Begriffe wie Geburt oder Magie zu. Wenn man jetzt noch bedenkt, dass »Über sieben Brücken musst du gehen!« dank der Band »Karat« und später noch mal dank Peter Maffay gleich zweimal einer der größten deutschen Hits überhaupt war, »Die sieben Zwerge« (ob mit oder ohne Otto) zu den beliebtesten Märchen dieses Landes gehört, 7 Up immer noch ein weltweiter Klassiker unter den Limonaden ist, und »Sieben« als der beste Serienmörderfilm aller Zeiten gilt, wird einem klar … die Zahl ist das Brett! Ich selbst habe übrigens auch intensive Erlebnisse im Zusammenhang mit ihr! Im zarten Alter von sieben hat man mir z. B. sehr erfolgreich den Blinddarm entfernt, um mich kurz drauf (nicht ganz so erfolgreich) einzuschulen. Meinen ersten Vollsuff hatte ich zwar erst mit sechzehn, aber mein großer Bruder schwört heute noch, dass ich mich an diesem Abend sieben Mal übergeben habe. Und ich erinnere mich auch noch daran, dass meine Biologielehrerin mir gern die Note Sieben für das Verweigern einer Froschleichenobduktion gegeben hätte, was nur aufgrund der allgemein gültigen Notengebung nicht möglich war!

Tagebuch, überleg doch mal … das Siebengebirge, die sieben Leben einer Katze, Siebenmeilenstiefel oder die Sieben Weltwunder! Und was gucken Kinder schon immer besonders gerne im Fernsehen? Genau … »Siebenstein«! Und wie viele Geißlein haben letztendlich den fiesen Wolf zum Loser gemacht? Eben! Und was haben die Toten Hosen damals schon gesungen? »Die Sieben ist alles!«

Und auch uns Eintracht-Fans hat diese besondere und charismatische Zahl längst in ihren Bann gezogen! Ob meine Kumpel am Telefon, wildfremde Menschen auf der Straße oder hessische Hausmeister, die mir vor Auftritten die Garderobe aufschließen … überall war bzw. ist das erste Wort dieser Tage ein laut und stolz gerufenes »Siebter!«. Selbst mein Physiotherapeut hat mir vorgestern vor lauter Begeisterung den siebten Wirbel eingerenkt, obwohl ich Schmerzen am dritten hatte.

Nun wird man in München oder Leverkusen angesichts unserer beinahe schon kindlichen Freude vermutlich nur milde lächelnd den Kopf schütteln, aber das ist uns komplett egal! Denn dieser siebte Tabellenplatz (dank einem Tor von Benjamin Köhler im Trikot Nr. 7!) ist aufgrund aller addierten Umstände der letzten Wochen mehr, als wir erwarten konnten. Und das wissen wir einfach aufrichtig zu würdigen.

Zumal der hessische Größenwahn schon längst einem klaren Blick für die Realität gewichen ist! (Unglaublich, was man alles auf Papier schreiben kann, ohne dass es einem eine knallt!)

Gut, okay, wenn die Eintracht und wir am Samstag gegen Köln gewinnen sollten, und Werder Bremen parallel dazu in Gladbach verliert, müssten wir uns ein wenig umstellen … Sag mal, Tagebuch, wusstest Du eigentlich, dass die Sechs im Schweizer Schulsystem die Bestnote ist, dass die schönsten Kristalle sechseckige Strukturen haben und dass sich das Sixpack nach wie vor großer Beliebtheit erfreut? Ganz zu schweigen von sechs Richtigen im Lotto! Ist irgendwie eine tolle Zahl, diese Sechs …!

Eins der erfolgreichsten Märchen überhaupt: »Die sieben Zwerge« (hier zwei Darsteller nach der Vorstellung auf dem Weg in die Garderobe …)

Hausaufgabenhilfe

Und jetzt kommt auch noch Hamit. Oder Halil? Na ja, bei dem neuen Eintrachtler halten wir's mit dem alten Frankfurter Bub Andi Möller (»Mailand oder Madrid – Hauptsache Italien«): Hamit oder Halil – Hauptsache Altintop! Andere Frage: Was ist Geschwindigkeit? Zu beantworten mit Hilfe von Galilei oder der Eintracht, die ihre Fans emotional geschwind nach unten holt (1:2 gegen Köln) und noch geschwinder nach oben katapultiert (stolzer 3:2-Sieg in Dortmund).

Wie so oft, liebes Eintracht-Tagebuch,

hat gestern Jens, der Sohn meiner Nachbarn, mal wieder wegen seiner Hausaufgaben bei mir geklingelt. Er solle etwas über »Geschwindigkeit« schreiben, aber ihm fiele nichts ein. Da ich ihn nicht enttäuschen wollte, verschwieg ich ihm nicht nur, dass sowohl Physik als auch Mathe in der Schule immer zu meinen natürlichen Feinden gehört hatten, sondern setzte ihn für ein paar Minuten vor den Fernseher, um dann schnell im Internet nachzuschauen, ob ich was Passendes finden könne.

Schon kurz darauf erklärte ich ihm mit betont schlauer Angebermiene, dass wir das Errechnen der sogenannten »Durchschnittsgeschwindigkeit« einem im 16. Jahrhundert lebenden italienischen Mathematiker namens Galileo Galilei zu verdanken haben. Der hatte als Erster die Geschwindigkeit gleichförmig-geradliniger Bewegung geometrisch definiert, und zwar als Proportionalität der vom bewegten Körper zurückgelegten Strecken zu den dazu benötigten Zeiten.

Als ich Jens' verstörten Gesichtsausdruck sah, begriff ich, dass ihn das nicht wirklich weiterbringen würde. Also versuchte ich es mit einer Geschichte, die mir mein guter Freund und Badesalzpartner Gerd schon vor Jahren erzählt hatte. Nahe seiner damaligen Wohnung gab es nämlich seinerzeit eine Nachtkneipe, in der sich so ab ein Uhr Menschen aller Couleur trafen. Taxifahrer, Musiker, Arbeiter, jede Menge Herrschaften aus dem Rotlichtmilieu usw. Eines nachts provozierte ein angetrunkener Literaturprofessor einen Zuhälter, mit dem er zufällig an einem Tisch saß, so lange, bis der die Geduld verlor und seinem Gegenüber mit einem blitzartigen Schlag den Redefluss stoppte. Doch statt geschockt zu reagieren, griff sich der eher verdutzte Professor an die blutende Lippe und rief nur »Donnerwetter! Und mit was für einer Geschwindigkeit!« Aber auch diese Geschichte schien dem Bub keine wirkliche Hilfe zu sein, so verständnislos, wie er mich jetzt anstarrte. Also unternahm ich einen letzten Versuch. »Du magst doch Fußball, oder?« »Und wie!« »Gut«, fuhr ich fort, »der hat auch ganz viel mit Geschwindigkeit zu tun!« Eifrig holte er Papier und Stift aus seinem Ranzen, um sich aufmerksam Notizen zu machen.

»Wobei ich jetzt gar nicht das Spiel oder die Spieler selbst meine, oder wie schnell ein Ball auf's Tor fliegen kann. Ich meine eine andere Form von Geschwindigkeit. In keiner anderen Sportart verändern sich Dinge nämlich so schnell wie beim Fußball. Meinungen z. B. Oder Ansehen. Nimm doch nur mal die Bayern und ihren holländischen Kartoffelkopfgeneral! Noch vor wenigen Wochen fanden den in Fußballdeutschland alle blöd. Eingebildet. Nicht gut genug. Heute jubeln ihm alle zu, und in München gibt es bereits Schönheitschirurgen, die Männern den Hals verlängern, damit sie aussehen wie er!« Jens nickte wissend, während er mitschrieb. »Oder guck dir Stuttgart an. Eben noch Abstiegskandidat, aber jetzt schon wieder Zehnter, Tendenz steigend. Und das nur, weil sie Nosferatu als Trainer verpflichtet haben und die Spieler seitdem allein schon aus Angst um ihr Leben rennen wie verrückt. Oder Oliver Bierhoff. Galt der bis gestern noch als Inbegriff für Fortschritt und Modernisierung, haben sie heute im neu herausgegebenen Duden den Begriff »Halsabschneiderei« durch »Bierhoffing« ersetzt!« »Ich weiß auch ein Beispiel«, rief Jens plötzlich. »Die Eintracht! Noch vor Kurzem im Winterurlaub hat mich so ein doofer Junge aus Wolfsburg immer nur ausgelacht und gerufen ›ihr seid nur Mittelmaß, ihr seid nur

Schneller geht's wirklich kaum ... beim Spiel gegen Köln noch ausgebuht, in Dortmund gefeiert!

Mittelmaß!‹. Und jetzt hat er mir nach dem Spiel in Dortmund eine SMS geschrieben und sich dafür entschuldigt! Ja, er hat sogar gemeint, wenn die weiter so toll spielen würden und jetzt am Samstag gegen Freiburg gewinnen, wäre sogar ein Europa-League-Platz drin!« Für einen kurzen Moment strahlte er mich an, um im nächsten schon wieder nachdenklich zu werden.

»Andererseits ... wenn nicht, und wenn sie eine Woche später in Hamburg verlieren, können wir das ruck, zuck wieder vergessen! Sie haben recht ... nirgendwo ist die Geschwindigkeit schneller als beim Fußball!«

Ganz ehrlich, liebes Tagebuch, für einen Augenblick überdachte ich die Möglichkeit, per Fernstudium vielleicht doch noch Pädagoge zu werden! Am nächsten Tag klingelte Jens bei mir, um sich zu bedanken »Hab 'ne glatte Eins bekommen!« »Wow«, rief ich stolz »da siehst du mal, wozu Fußball alles gut sein kann!« Er schluckte. »Es ist so ... ich hab dann doch das mit diesem Galilei geschrieben ... Tschüß, Herr Nachtsheim!« Tja, wie schnell man sich täuschen kann ... aber so ist es nun mal mit der Geschwindigkeit!

Die blaue Grenze

Vier Punkte in drei Spielen (2:1 gegen Freiburg, 0:0 in Hamburg, 1:2 in Stuttgart). Zu wenig, um weiter nach oben zu schielen, zu viel, um Angst vor dem Blick nach unten zu bekommen. In allerunterste Abgründe schaut man aber im Schiedsrichter- (Amerell/Kempter) und Internatsunwesen (Odenwaldschule). Ekliges Thema. Angenehmeres: Henni hat nicht nur eine Lieblingszahl, sondern auch eine Lieblingsfarbe: Blau. Unangenehm nur, dass dies die Farben eines gewissen Klubs sind

Hab ich Dir, liebes Eintracht-Tagebuch,

eigentlich schon mal erzählt, was meine Lieblingsfarbe ist? Blau! Das war schon als kleines Kind so und hat sich bis heute nicht geändert. Ich hatte blaue Pullis, blaue Socken, eine blaue Mütze, ja sogar einen blauen Schlitten. Als Jugendlicher dann trug ich irgendwann nur noch blaue Hemden oder T-Shirts sowie Blue Jeans. Meine Lieblingscomicfiguren waren die Schlümpfe, und aufgrund meiner Sportbegeistertheit hatte ich immer reichlich vorzeigbare blaue Flecken. Später kamen dann aufgrund meiner nicht weniger großen Begeisterung für Mädchen (vor allem für die, bei denen ich keine Chance hatte) jede Menge blauer Augen dazu, was wiederum dazu führte, dass ich aufgrund meiner ziemlichen Blauäugigkeit und den daraus resultierenden Enttäuschungen gern ab und zu mal ziemlich blau war …! Meinen ersten eigenen VW-Bus strich ich im Hof mit knallhellblauem Heizungslack an, und wenn ich heute mit dem Computer irgendwelche Texte schreibe, wähle ich als Schriftfarbe fast immer blau.

Eigentlich komisch, denn genau betrachtet ist Blau keine besonders warme, sondern eher kalte Farbe. Aber das scheint nicht nur mich nicht wirklich zu stören, auch viele andere Menschen setzen auf Blau. In Taiwan z. B. steht die Farbe für

Demokratie (Pan-blaue Koalition), das Blaue Band ist eine Ehrung für das schnellste Schiff auf der Transatlantik-Route, und die Friedenstruppen der Vereinten Nationen tragen Blauhelme und heißen auch so. Die blaue Mauritius ist eine der begehrtesten Briefmarken der Welt, so wie Blaualgen Bakterien mit der Fähigkeit zur oxygenen Photosynthese sind ... und wer kann das schon von sich behaupten?! Nicht fehlen darf hier natürlich der ausgesprochen beliebte blaue Montag, gern auch kombiniert mit einem spontanen Ausflug ins Blaue.

Du siehst, liebes Tagebuch, es wimmelt nur so von positiven Betrachtungsmöglichkeiten.

Aber selbst für mich gibt es so etwas wie eine blaue Grenze, wo mich diese eigentlich so ansehnliche Farbe anfängt zu nerven. Schalke 04 ist so eine Grenze. Kein Verein in Deutschland steht mehr für Blau als die Gelsenkirchener. Was ihnen prinzipiell durchaus zu gönnen wäre. Das Unangenehme bei Schalke ist nur, dass sie Blau bzw. Königsblau nicht einfach als ihre herkömmliche Vereinsfarbe betrachten ... nein, der Schalker an und für sich behauptet, dass er die Farbe erfunden hat und sie ihm deshalb gehört! In dem Zusammenhang sei übrigens erwähnt, dass der Kinoblockbuster »Avatar« weltweit die meisten Zuschauer in Gelsenkirchen hatte, da man dort davon ausgeht, dass diese blauen Fabelwesen futuristische Schalke-Fans sind. Was nicht verwundert bei einem Verein, der als Einziger auf eine jahrtausendalte Tradition zurückblicken kann, der mit weitem Abstand die besten Fans der Welt hat und von der eigenen Wahrnehmung her seit Bestehen der Bundesliga durchgehend Meister hätte sein müssen.

Versteh mich nicht falsch, Tagebuch, die aktuelle Mannschaft spielt absolut anerkennenswert, und mit Felix Magath haben sie definitiv einen der allerbesten Fußballlehrer überhaupt geholt. Auch wenn sein Billigen der Spuckattacken auf Albert Streit vor ein paar Monaten eine erste Delle in meinem Bild von ihm hinterlassen hat und sein beleidigtes Interview bei Sky nach dem Derby-Sieg gegen Dortmund mit »albernem Jammern auf allerhöchstem Niveau« noch harmlos beschrieben ist.

Schalkes Methoden, den afrikanischen Markt zu vereinnahmen, werden immer plumper ...!

Trotzdem ... an der Mannschaft und ihrem Trainer liegt es nicht! Es ist dieser traditionelle und unreflektierte Hochmut, der es Menschen, die keine Schalke-Fans sind, so schwer macht, eine wirklich lockere Sympathie für diesen Verein zu entwickeln.

Wenn ich mir für Samstag einen Sieg gegen eben jenes Schalke wünsche, dann allerdings weniger aus Antipathie für den Gegner, sondern vor allem aus Sympathie für das eigene Team. Die Mannschaft hat uns in den letzten Wochen mehr gegeben, als wir das erwarten konnten. Trotz Dauerverletzten, trotz dem ständigen Rumgeskibbe in Richtung Bruchhagen usw. Ernsthaft von der Europa League zu reden, halte ich zwar für dezent vermessen, aber möglichst viele Spiele auf Augenhöhe gegen die vermeintlich Unerreichbaren sind nicht zu unterschätzende Wegweiser für die Zukunft! Schon deswegen, liebes Tagebuch, wünsche ich uns allen ein großartiges Heimspiel! Und den Schalkern ein Wunder! In ihrer Vereinsfarbe ...!

Wie es im Buche steht .... .

Der Klub in Hennis Lieblingsfarbe gewinnt in Frankfurt mit 4:1, schlimmer noch wirkt das anschließende und auf deprimierende Weise zustande kommende 1:2 in Hannover. Noch deprimierender ist die Stadion-Randale in Berlin, obwohl sie Henni nicht überraschen kann, denn in seinem Stadion-Führer steht Einschlägiges dazu. In diesem schlauen Buch findet Henni auch Trost und Hoffnung vor dem Heimspiel gegen den scheinbar übermächtigen, groß in Fahrt gekommenen und das Triple anstrebenden FC Bayern München.

Ja, liebes Eintracht-Tagebuch,

ich gebe es zu ... ich liebe Führer! Nein, keine Angst, das ist nicht politisch gemeint! Ich meine diese Bücher! Ob Opern-, Museums-, Restaurant-, Konzert-, Ausstellungs-, Kanu- oder Baumarktführer, ich liebe diese Form der Literatur! Weil sie mir in schwachen Momenten das Entscheiden abnimmt. Wie oft war ich schon in fremden Städten und bin vor Hilflosigkeit fast erstarrt ... bis mir der kleine Ratgeber in meiner Jackentasche gesagt hat, was zu tun ist. Dass ich z. B. in einem winzigen Dorf in der Nähe von Zagreb unbedingt das Restaurant »Zum tiefroten Hammel« besuchen und dort die Spezialität des Hauses, nämlich Hirschhodengulasch mit in Schweinesülze eingelegten Dörrpflaumen bestellen, dazu einen Mirabellenwein namens Hrvatic trinken, als Nachtisch kroatischen Palatschinken, übergossen mit fetter Sahne und Wein, schlemmen und zur Verdauung einen neunzigprozentigen Walnusslikör abkippen soll! Und als mir nach all diesen Köstlichkeiten doch recht zeitnah ziemlich schlecht wurde, leitete mich das kluge Buch schnell zur Save, dem größten Fluss der Gegend, um an dessen blickgeschütztem Ufer dann alles wieder loszuwerden!

Ja, ohne geistige Wegweiser würde ich hilflos durch unsere Welt tapsen. Und weil meine Freunde um meine Begeisterung für diese schlauen Werke wissen, hat mir vor ein paar Tagen einer zum Geburtstag ein weiteres Exemplar geschenkt. Einen Fußballstadionführer! Ein unglaubliches Teil! Umfangreich, extrem detailliert und topaktuell! Denn neben den normalen Infos wie Anfahrtswege, beste Parkmöglichkeiten oder dickste Bratwürste erfährt man auch Dinge, die in ähnlichen Publikationen nicht vorkommen. Wusstest Du z. B., liebes Tagebuch, dass aufgrund permanent hirnlos abgefackelter Feuerwerkskörper und bengalischer Leuchtfeuer das definitiv wärmste Stadion der Liga das in Nürnberg ist? Oder dass man in Köln beim Betreten der dortigen Arena automatisch einen kompletten Realitätswahrnehmungsverlust erleidet? Hat man per jahrelanger, intensiver Hirnforschung herausgefunden. Übrigens genauso, wie man dort den deutschlandweit geringsten Mannschafts-IQ festgestellt hat ... vorausgesetzt Podolski spielt! Aufschlussreich fand ich auch, dass man bei einem Besuch im Berliner Olympiastadion unmittelbar nach Spielschluss noch einen kostenlosen Crashkurs in Sachen Vereinsverrat kombiniert mit Fahnenstangen-Kendo erhält! Das bietet sonst echt niemand! Was den höchst gemessenen Hochmutfaktor angeht, so liegen die Arenen in München und Gelsenkirchen in etwa gleichauf, während es im Osten gleich eine ganze Reihe von Stadien gibt, die man als Mensch mit nicht weißer Hautfarbe nur dann betreten sollte, wenn man vorher den hiesigen Verein gekauft hat und die Heimspiele ohne Publikum stattfinden lässt.

Wie gesagt, ein enorm informatives Büchlein, das sich gut und flüssig liest und einem viele Fragen tadellos beantwortet!

Natürlich habe ich auch nachgeschaut, was so alles zum Frankfurter Stadion vermerkt ist, und auch das ist interessant. Zum Beispiel dass aufgrund eines kleinen bautechnischen Fehlers in der Stadionwand die Durchschnittstemperatur im oberen Rangbereich über die gesamte Saison exakt Minus 18 Grad beträgt (nur die Haupttribüne von Dynamo

Wostock in der russischen Ostantarktis ist mit Minus 46 Grad noch kälter). Gelobt wird hingegen die Gesangsleistung sowie die Gestaltungskreativität der heimischen Fans, während der Erwerbszwang für Bratwurstkreditkarten zumindest als fragwürdig bezeichnet wird. Besonders bemerkenswert sei aber vor allem, dass Messungen der Luft ergeben hätten, dass sich diese nicht nur aus Stick-und Sauerstoff, sondern zudem auch noch in gleichen Anteilen aus Seriosität und Konsolidierung zusammensetze … ein Gemisch, das man bei Weitem nicht in jedem Stadion in Europa habe feststellen können!

Insgesamt, liebes Tagebuch, kommt unser hübscher Kasten wirklich ziemlich gut weg in diesem Führer. Apropos Führer … am Samstag kommt der der hiesigen Bundesligatabelle! Das derzeit scheinbar kaum bezwingbare und zudem höchst triplegeile Bayern München! Nach dem Selbstzerstörungsakt von Hannover und auch von meinem Gefühl her würde ich sagen … keine Chance.

Aber auch dazu steht was in diesem schlauen Buch. Originaltext: »Die Geschichte des Frankfurter Stadions ist geprägt von Spielen mit überraschendem Ausgang. Nicht selten wurden aus sicher geglaubten Siegen bittere Niederlagen und aus allseits prognostizierten klaren Untergängen völlig unerwartete Triumphe!«

Womit für Samstag eigentlich alles gesagt ist!

Das Jahr des Adlers

Eine Saison, die mit einem 3:0 gegen Offenbach beginnt und kurz vor ihrem Ende noch einen Sieg (2:1) über die als Tabellenführer angereisten Bayern aus München beschert, erfüllt die schönsten Hoffnungen der Eintracht-Fans.

Nun kann nichts mehr schiefgehen. Als Zugabe schießt Caio das Siegtor (2:1) in Bochum – der »Mädchenfußballer« ist endlich bei den großen Buben angekommen. Auch dem alten Bernd Hölzenbein ist der neue Caio zu gönnen, denn »Holz« litt zwei Jahre lang an »seiner« Entdeckung. Wie ist die wundersame, wunderbare Wandlung von Eintracht und Caio zu erklären? Alles nur wegen Skibbe? Oder was?

Heute, liebes Eintracht-Tagebuch,

möchte ich Dir mal wieder eine kleine Geschichte von meiner Großmutter mütterlicherseits erzählen. Ich weiß, dass Du schon ein paar kennst, aber sie war einfach auch klasse! Das, was man eine im Leben stehende, kompetente Person nennt, eine kleine Frau mit großem Humor. Und nie um eine Lösung verlegen. Einmal hatte sie z. B. eine ihrer besten Freundinnen, Margot, zum Kaffee eingeladen. Und während sie dasaßen, fleißig Kuchen in sich hineinschaufelten und literweise ihr schwarzes »Muntermacherstöffsche« tranken, schaute sich die Freundin plötzlich um und meinte: »Mia, du musst hier echt ma was mache! Sieht alles e bissi fertisch aus! Dass du des net selber merkst ...!« Unsicher musterte meine Oma ihr kleines altes Wohnzimmer, um dann zuzugeben, dass sie schon lange nichts mehr in dieser Richtung unternommen hatte. Eine fachgerechte Renovierung kam aber schon aus Kostengründen nicht in Frage, und für größere handwerkerische Aktivitäten war sie definitiv nicht mehr fit genug ... Eine Woche später rief sie Margot an, um ihr freudig mitzuteilen, dass sie quasi »ein neues

Wohnzimmer« habe und sie gerne zur »Wiedereröffnung« einladen würde. Als die beiden kurz darauf in eben jenem Raum standen, staunte die Besucherin nicht schlecht. »Ich weiß net, was de gemacht hast und ich weiß auch net wie … aber irgendwie sieht alles ganz annerster aus als wie vorher … richtisch klasse!«

Ihrer Freundin hat meine Oma nie verraten, wie sie diesen Effekt hinbekommen hat … mir aber schon. »Ganz einfach, Bub … ich hab des Gemälde mit dem Hirsch, was de Oppa gemalt hat, zwei Meter weiter nach rechts umgehängt, den Porzellandackel vom Regal auf die Kommode gestellt und die weiße Tischdecke durch 'ne rote ersetzt. Fertisch!«

Versteh mich nicht falsch, Tagebuch, natürlich will ich Michael Skibbe nicht mit meiner Oma vergleichen! Aber gerade dieser Tage muss ich oft an diese Geschichte denken.

Ein altes Frankfurter Ritual: Wer den Ausgleich geschossen hat (in diesem Fall Tsoumou), darf dem Schützen des Siegtores (in diesem Fall Fenin) die Hose ausziehen.

Denn letztendlich hat auch er mit wenigen Mitteln aus alt neu gemacht!

Gut, ich weiß auch, dass man das Umsetzen eines kleinen Kitschdackels nur bedingt damit in Verbindung bringen kann, dass Patrick Ochs von der Verteidigung ins Mittelfeld beordert wurde. Aber wie auch immer … die Mannschaft ist wirklich kaum wiederzuerkennen! Man sieht das Dortmund-Spiel, das gegen die Bayern oder auch die Partie in Bochum, murmelt dabei Sätze wie »Des sind doch bis auf Altintop alles die, die schon immer spielen …« und reibt sich noch mal und noch mal die Augen! Was übrigens zur Folge hat, dass laut aktueller Statistik des städtischen Gesundheitsamtes gerötete Pupillen im Raum Frankfurt derzeit deutlich vor grippalen Effekten rangieren!

Woher die Spieler diese neue, vor allem spielerische Leichtigkeit haben, ist in meinem Freundeskreis jedenfalls derzeit die meist diskutierte Frage. Kein Erklärungsversuch, der beim Stammtisch am letzten Samstag nicht mit in die Runde geworfen wurde. Manfred, Besitzer eines expandierenden Reformhauses, z. B. behauptete, dass er von einem seiner Lieferanten zuverlässig erfahren hätte, dass man bei der Eintracht die Trikots seit Neustem mit biologischem Waschmittel auf Ananasbasis reinigen würde, was zusätzliche Energien freilegen würde. Jasper, leidenschaftlicher Hobby-Astrologe, erklärte uns, dass man in Kambodscha gerade das Jahr des Adlers hätte und es da einen direkten Zusammenhang gäbe.

Mein gewichtiger Kumpel Brocken wiederum meinte, dass Skibbe entgegen seinem Sunnyboy-Image in Wirklichkeit ein ganz harter Hund sei. »De Funkel hat dene ab und zu ma de Kopp gewasche, de Skibbe wäscht ihne es Gehirn! Und dadefür … schraubt er's raus! Alte KGB-Schule!«

Abgerundet wurde das Ganze jedenfalls von einem am Tresen sitzenden Rentner, der uns fröhlich zuprostete und dann rief: »Mal läuft alles so und dann wieder ganz annerster!«

Ja liebes Tagebuch, Du siehst, wir wissen nicht wirklich, woher dieser Wandel der Mannschaft kommt. Aber wir finden's gut!

Gude Friedhelm!

Es geht doch immer nur um das Eine: »Darum, dass man seine Heritage auf vernünftige Art und Weise für die Zukunft nutzt.« Sagt Olli Kahn im Interview mit der Süddeutschen Zeitung. »Heritage« scheint das Top-Modewort unserer Zeit zu sein, es bedeutet »Erbe« oder »Vermächtnis«. In Frankfurt gibt es eine dritte Bedeutung: Heritage, das ist eine ganz besondere hessische Jahreszeit, sie wird von einem Caio-Böller in Frankfurt angekündigt (beim 3:2 gegen Leverkusen) und kennzeichnet in Heribert Bruchhagens langjähriger Amtszeit die ersten und hoffentlich nicht letzten Eintracht-Tage, in denen selbst in realismusvertrockneten Fußball-Seelen europäische Frühlingsgefühle knospen – Heri-Tage eben! Selbst nach dem 0:2 in Gladbach führen die Fachagenturen bei der Auflistung des Restprogramms die Eintracht noch unter »Europacup« statt wie früher unter »Abstieg«. Auch ein Verdienst der Arbeit eines Ex-Trainers, den Henni bei seiner Rückkehr nach Frankfurt gebührend würdigt.

Liebes Eintracht-Tagebuch,

bitte sei nicht beleidigt oder gar böse, wenn ich Dich heute hier an dieser Stelle nicht direkt anspreche, wie ich es ja sonst immer tue. Ich möchte nämlich jemandem einen Brief schreiben, und dafür brauche ich Deine Seiten. In Ordnung? Gut, dann mal los …

»Lieber Friedhelm Funkel,

herzlich willkommen an Ihrer alten Wirkungsstätte! Schön, dass wir Sie mal wieder in unserem Frankfurter Stadion begrüßen dürfen, ich freue mich jedenfalls sehr darüber! Dass Ihre Mannschaft auf einem, ich sag mal, eher suboptimalen Tabellenplatz steht und Sie dementsprechend vermutlich nicht so super locker drauf sein werden, kann hier jeder verstehen, und dennoch sollte uns das die Wiedersehensfreude nicht komplett vermiesen. Denn so doof auch die letzten Tage Ihres Frankfurter Schaffens gewesen sein mögen … sie stehen in keiner Relation zu der Zeit davor! Ich erzähl Ihnen jetzt mal was, etwas, das ich noch nie jemandem erzählt habe! Früher, als Bub, bin ich in den Osterferien

immer nach Gießen zu meiner Tante und meinem Onkel gefahren, die dort eine Essig- und Senffabrik hatten! Über viele Jahre hatte ich dort wunderschöne Ferien! Bis ich irgendwann mal in einem unbeobachteten Moment eine Pflaume aus einem offenen Fass gefischt und gierig verschlungen habe … ohne zu wissen, dass sich diese in reinem Alkohol befand und der Herstellung von Pflaumenschnaps dienen sollte. Aber woher hätte ich das auch wissen können? Ich war dreizehn und in Sachen Alkohol noch lange nicht so erfahren wie beispielsweise mit vierzehn … Da mein Onkel, genau wie ich, großer Eintracht-Fan und ich eben an diesem besagten Tag dicht bis zum Anschlag war, beschloss ich spontan, aus ungefähr 40 Litern Senf und unter Zuhilfenahme diverser Essiggurken, die ich kurzerhand zu Pinseln umfunktionalisierte, auf dem größten und kostbarsten Perserteppich des Wohnzimmers den legendären Fallrückzieher von Bernd Nickel, mit dem er beim Derby nicht nur den Klassenerhalt sicherte, sondern die Kickers auch noch in Liga Zwei schickte, in seiner ganzen faszinierenden Schönheit nachzumalen! Als mich später mein Onkel tief schlafend inmitten meines Meisterwerkes fand, schickte er mich umgehend nach Hause, und ich durfte die beiden erst mal für einige Zeit nicht mehr in den Ferien besuchen. Und das, obwohl uns beide die Liebe zur Eintracht ja eigentlich verbunden hatte!

Gut, okay, taugt vielleicht nur bedingt als Metapher, aber ich bin trotzdem sicher, dass Sie so ein bisschen ahnen, warum ich Ihnen das erzähle!

Was ich Ihnen aber vor allem unbedingt schreiben wollte, ist, dass es hier, bei aller Freude über die insgesamt gute aktuelle Saison und die zweifellos wirklich gute Arbeit Ihres Nachfolgers, trotzdem eine Menge Leute gibt, die nicht vergessen haben, dass wir Ihnen eine Menge zu verdanken haben! Ihre Amtszeit, in Kombination mit der Regiearbeit eines Heribert Bruchhagen und seinen Vorstandskollegen, wird später mal als die prägende Phase des Umbruchs in den rot-schwarzen Geschichtsbüchern stehen, da bin ich mir ziemlich sicher! Denn genau in dieser Zeit hat sich unsere

Eintracht von einem schlecht geführten Schnellimbiss zu einem soliden Mittelklasse-Restaurant gewandelt. Statt von wahrnehmungsgestörten halbseidenen Gebrauchtwagenhändlern wird der Verein seitdem von seriösen Sachverständigen geführt, was dem Ansehen unseres geliebten Clubs deutschlandweit mehr als gutgetan hat. Und dazu haben eben auch Sie mehr als nur ein wenig mit beigetragen. Mag sein, dass wir nicht immer begeistert waren, wenn Sie eher ergebnisorientiert als bedingungslos offensiv haben spielen lassen, sicherlich gab es Zeiten, in denen wir uns von Ihnen mehr Vertrauen in junge Spieler gewünscht hätten, und manchmal hat uns Ihre mitunter sture Art an den Rand des Fanwahnsinns getrieben … dennoch haben Sie deutlich mehr richtig als falsch gemacht! Und eins haben Sie praktiziert wie fast keiner im Ligabetrieb … Loyalität gegenüber den Spielern! Was immer auch von außen in Richtung Mannschaft abgeballert wurde, Sie haben sich dazwischen geworfen und es mit Ihrer kugelsicheren Weste aus Ruhe und dieser westfälischen Unbeeindrucktheit abgefangen. Rückblickend hat mich das am meisten beeindruckt! Dass das Ende Ihrer hiesigen Dienstzeit mit einigen Unannehmlichkeiten bzw. Unfreundlichkeiten verbunden war und Sie gegen Ende mehr polarisiert haben als derzeit der Papst … Schwamm drüber. Denn das mit Ihnen und der Eintracht war unterm Strich eine gute Zeit! Was übrigens ins Hessische übersetzt heißt »War net schlecht, Friedhelmsche!«.

W.B.,B.M.,B.L.,B.D.,A.G.!

München macht sich auf den Weg zur Meisterschaft, die Eintracht lässt's nur noch ausklingen. In den letzten vier Spielen gibt es zwar keinen Sieg (2:2 gegen Funkels neuen Klub Hertha, 3:3 in Mainz, 1:2 gegen Hoffenheim, 1:3 in Wolfsburg), am Ende steht ein »normaler« Platz zehn, aber erstmals seit langer Zeit denken auch Realisten an höhere Ziele. Bruchhagen scheint sogar den abgedrehten Werbespruch einer Bank zu beherzigen: »Entdecke das Investier in dir!«: Altintop wird bleiben, Gekas wird kommen. Der Strafraum-Knipser. Der beste Abstauber Europas, ein echter Grieche also. Von allen Anlagen in griechische Werte womöglich die Erfolg versprechendste. Auch Hennis Bilanz macht Freude.

Liebes Eintracht-Tagebuch,

es ist mittlerweile eine gepflegte Tradition, dass mein Kumpel Brocken und ich gegen Saisonende gemeinsam Bilanz ziehen. Also besuchte ich ihn auch dies Mal bei ihm zu Hause, um in aller Ruhe und Entspanntheit rückblickend festzuhalten, was festzuhalten war. Ich war aber noch nicht ganz in der Tür, als ich bemerkte, dass mein gewichtiger Freund irgendwas im Schilde führte! Auf meine Frage »Hast du einen Kaffee für mich?« legte er schelmisch seinen Kopf zur Seite »M.U.Z.?« »Was?«, fragte ich zugegebenermaßen leicht irritiert. »MILCH UND ZUCKER?« Ah, ich begriff, Brocken wollte das gute alte Abkürzungsspiel spielen! »O.A.«, entgegnete ich, was er selbstredend sofort verstand. »Alles klar, Henni, Kaffee OHNE ALLES! Kommt sofort!« »Gut«, forderte ich ihn kampfbereit auf. »Dann leg mal los! Was fällt Dir denn alles so ein zur Saison unserer Eintracht?« Er überlegte kurz. »Ich würde sagen, es war vor allem eine S.D.S.S.« Meinem fragenden Blick folgte auch schon die Antwort. »Eine SAISON DER SPIELERISCHEN STEIGE-

RUNG.« »Ja«, antwortete ich, »aber auch eine mit E.F.R …!« Für einen kurzen Augenblick legte er die Stirn in Falten, dann hatte er es. »Du meinst aber auch eine mit EINIGEN FETTEN RÜCKSCHLÄGEN!« Brocken war tatsächlich der ungekrönte Meister im Abkürzungsentschlüsseln! »Sehr gut, Sherlock, jetzt wieder du!« »Okay, Henni, dann sag ich mal C.K.E.D.!« »Steht das C. für CAIO?« Brocken blinzelte, was soviel wie ›Ja‹ bedeutete. »Dann heißt das CAIO KANN ES DOCH!« Mein Freund nickte anerkennend. Jetzt warf ich ein »B.S.P.P.M.U.A.« in die Runde, wohl wissend, dass das schwer zu entziffern war. Also lieferte ich die Auflösung gleich mit. »BRUCHHAGEN-SKIBBE PING PONG MIT UNENTSCHIEDENEM AUSGANG!« »Na warte, des kann ich auch! D.G.S.F.D.L.U.D.R.S.S.!« Ich unternahm nicht mal den Ansatz eines Versuches, das zu lösen. »Ist doch ganz einfach, Henni! DIE GESANGSSTÄRKSTEN FANS DER LIGA UND DARAUS RESULTIERENDE SUPER STIMMUNG!« Jetzt waren wir drin in der Materie. »Pass auf! W.M.F.F.D.U.S.J.E.U.A.« Brocken grinste mich erwartungsfroh an. »Das F.F. steht für FRIEDHELM FUNKEL, stimmt's?« »Jo!« »Dann heißt das am Anfang WIEDERSEHEN MIT FRIEDHELM FUNKEL … aber den Rest krieg ich net.« »… DAS UNTERM STRICH JEDOCH EHER UNBEFRIEDIGEND AUSFIEL!«, löste ich auf. Brocken schüttelte seine große breite Birne, sodass die zartroten Bäckchen nur so hin und her flogen. »Du hast V.E.A.D.E.« »Ja, ich weiß«, nickte ich, »ich hab VOLL EINEN AN DER ERBS! Los, mach du weiter …« Er lehnte sich zurück, schloss die Augen. »Pass auf, ich hab was. W.KT.V.Z.« Ich hatte nicht den Hauch einer Ahnung, deswegen klärte er mich schnell auf. »Des heißt WICHTIGE KOPFBALLTORE VOM ZWERSCH!« »Verstehe, du meinst die Treffer von Benjamin Köhler, die er trotz seiner eher limitierten Größe mit dem Kopp gemacht hat! Stimmt, die sind eine Erwähnung wert. Da hab ich aber auch was. S.FR.V.M.F.« Brocken gähnte »Henni, langweil mich net! Des heißt SENSATIONELLER FALLRÜCKZIHER VON MAIK FRANZ!

Da sag ich doch lieber M.F.T.I.D.L.M.U.A.A.D.F. Wenn du das löst, lade ich ein Jahr lang jeden Abend zum Essen ein!« »Das kann ich eh nicht annehmen, allein schon aus Sorge, dass du dann endgültig platzt. Also, sag schon …!« Er holte tief Luft »MARTIN FENINS TREFFER IN DER LETZTEN MINUTE UND ANSCHLIESSENDER AUTOKORSO DURCH FRANKFURT!« »Okay, mein Freund, ich glaube, so langsam reicht es«, meinte ich, »jetzt noch mal du und dann noch mal ich …« Er überlegte kurz, dann leuchteten seine Augen wie die eines Kindes an Heiligabend. »P.S.I.O.Y!« »Hm, wenn du so einen schwärmerischen Gesichtsausdruck bekommst, dann kann ich mir denken, was P.S.I.O. heißt, nämlich POKALSIEG IN OFFENBACH, stimmt's?« »Ja, genau!« »Aber für was steht das Y.?« Er feixte. »Für YIPPIE!« »Brocken, du alberner Blödmann. Egal … ich noch mal … Achtung … W.B., B.M., B.L., B.D., A.G!« Brocken überlegte nicht lange. »Warte, das weiß ich …! W.B ist WERDER BREMEN … B.M BAYERN MÜNCHEN … B.L. BAYER LEVERKUSEN und B.D. BORUSSIA DORTMUND …« Er stutzte … doch dann wusste er es, und ein seliges Grinsen machte sich breit »ALLE GEPUTZT! Überleg doch mal … die haben wir tatsächlich alle mindestens einmal besiegt. Werder sogar zweimal!« Urplötzlich erhob sich mein Kumpel, kam auf mich zu, nahm meine Hand, schüttelte sie wie einen Cocktailshaker und guckte mir dabei tief in die Augen. »Mal ehrlich … eigentlich war das alles mehr, als wir erwartet haben, oder? Und wenn se tatsächlich auf Platz Neun landen …« »… wäre das der B.SA.S.S.J.!« »Was?« »Der BESTE SAISONABSCHLUSS SEIT 17 JAHREN!« Brocken schluckte. »Wow! Dann wäre ich M.A.Z.!« »Bitte?« »Mehr als zufrieden! Und des hab ich schon länger nicht mehr am Ende einer Saison gesagt!« »Weißt du was, Brocken … dann H.J.E.D.K.U.F.D.!« »Genau, ich HALT JETZT EINFACH DIE KLAPPE UND FREU MICH!«

I.D.S.!

… eines sollten wir Eintracht-Fans, ungeachtet des aktuellen Tabellenstands und der Stimmungslage nicht vergessen …, so wie heute …

Licher
1822direkt.com
HANNspree
PRO 1312
1997

... war es nicht immer ... !

Heribert Bruchhagen antwortet Hendrik Nachtsheim: »Ich betreibe ein Rollenspiel«

Hendrik Nachtsheim: »Ich habe in meinen Kolumnen das Privileg, mit sehr viel Humor an die Eintracht heranzugehen. Wie viel Humor brauchen Sie, um das tägliche Leben als Vorstandsvorsitzender auszuhalten? Oder gibt es Momente, in denen man Ihnen den Humor abspenstig macht?«

Heribert Bruchhagen: »Nein. Ich betreibe ein Rollenspiel. Das sieht vor, dass man mal ›wichtig‹ zu sein hat, mal muss man Distanz und Entschlossenheit ausstrahlen. Das entspricht aber nur bedingt meiner inneren Grundhaltung. Im Fußballgeschäft betreibe ich immer das Rollenspiel. Ich habe von der Pike auf gelernt, wie man sich zu geben hat. In Schalke habe ich mich lange gegen Medienauftritte gewehrt. Ich dachte, wenn du Gutes tust, wirst du Anerkennung bekommen. Falsch. Total falsch. Kompetenz wird dir nur durch Medienpräsenz unterstellt. Im Allgemeinen denkt man, wenn du oft im ›Doppelpass‹ sitzt, dann musst du kompetent sein.«

Nachtsheim: »Ja, das ist absurd. Über uns gab es mal eine Besprechung in der ›Rundschau‹. Der Artikel war nicht gerade positiv, aber mit großem Foto. Dann rief 'ne Freundin an und sagte: ›Ihr seid ja in der Zeitung.‹ Ich sagte: ›Aber es ist doch kein guter Artikel.‹ Das war aber egal. Hauptsache, ein Riesenfoto war dabei. Das ist doch eine eigenartige Form von Wahrnehmung.«

Bruchhagen: »Ja, Medienpräsenz und Körpersprache sind sehr wichtig. Arroganz muss man aber verhindern. Warum das so ist, weiß ich nicht.«

Nachtsheim: »Wir sind mal in Koblenz aufgetreten. Dort ist die Bühne nicht hoch und sehr dicht an den Stühlen. Die Leute legten ihre Fuße auf die Bühne. Das hatte Einfluss auf den ganzen Abend. Wir waren zu erreichbar. Auf einer großen Bühne ist der Respekt spürbar größer. Eigentlich blöd!«

Bruchhagen: »Das ist exakt richtig. Berlusconi hat einen Schreibtisch mit einem Stuhl auf einem Podest. Wenn die Spieler mit ihm sprechen, sitzen die einen halben Meter tiefer.«

Nachtsheim: »Das macht er, weil er so klein ist!«

Bruchhagen: »Wahrscheinlich!«

Nachtsheim: »Wie kommen Sie mit den täglichen Entscheidungen in dem Geschäft zurecht?

Bruchhagen: »Wenn ich die täglichen Ärgernisse habe, muss ich mich selbst therapieren. Da gibt es drei Maßnahmen: Ich bilde mir ein, gesund zu sein, obwohl ich rauche. Zweitens sage ich, dass ich einen elitären Beruf habe. Und drittens habe ich eine Geschichte, die mich mein Leben lang begleitet, von Somerset Maugham: ›Der Tag der Abreise‹. Eine irische Familie im 19. Jahrhundert. Die Eltern haben drei oder vier Kinder. Die Scholle, auf der sie leben, kann aber nur ein Kind ernähren. Die anderen müssen mit dem Schiff nach Amerika und kehren nie zurück. Die Eltern müssen entscheiden, welches Kind bleiben darf. Wenn man sich eine solche Entscheidung vor Augen hält, weiß man die Entscheidungen, die ich treffe, obwohl die auch unsympathisch und im kleinen Bereich schicksalhaft sein können, zu relativieren. So eine Entscheidung wie die irischen Eltern bei Maugham musste ich noch nie treffen. Ich nehme mir morgens zehn Minuten Zeit, mich auf Entscheidungen vorzubereiten. Ich weiß, zuerst kommt die Sekretärin, dann ein Spieler, oder wir entscheiden, ob wir Preise erhöhen oder nicht. So kann man den Tag ganz gut überstehen.«

Nachtsheim: »Ich war einmal im VIP-Bereich gegen Stuttgart beim 1:4. Ist das nicht nervig für Sie als Gastgeber zwischen so vielen Leuten?«

Bruchhagen: »Ich konzentriere mich auch da auf Fußball. Mich nerven aber die ständigen Schiedsrichterbeleidigungen. Ob ein Einwurf nach da oder dort geht, hat für ein Spiel keine Bedeutung. Zu 95 Prozent sind die Schiedsrichterentscheidungen sowieso richtig. Mich nervt es, wenn man ein Spiel zu sehr unter Lokalpatriotismus betrachtet.«

Nachtsheim: »Als Repräsentant sind Sie auch Gastgeber für Politiker. ›Badesalz‹ ist vor den Politikern immer weggerannt, um ja mit keinem fotografiert zu werden. Wie gehen Sie denn mit Sympathie und Antipathie um?«

Bruchhagen: »Ich hab' mit Politik wenig zu tun. Ich verkehre auch nicht in den In-Lokalen. Ich wohne in Sachsenhausen und gehe selten über den Main.«

Nachtsheim: »Haben viele Medienleute angerufen und nach einem Statement zur Wahl gefragt?«

Bruchhagen: »Ja, aber das hat mich nicht zu interessieren. Mich bewegt anderes. An dem Tag, als ich hierher kam, hatten wir 28 Mitarbeiter, jetzt sind 80 Leute eingestellt. Darauf bin ich stolz. Es ist ein gutes Gefuhl, wenn ein junger Mensch bei der Eintracht arbeiten kann und ein anständiges Gehalt bekommt. Darüber freu ich mich sehr.«

Nachtsheim: »Es gibt ja, außer beim Fasching, keinen Bereich, wo Leute ohne Vorbildung so leicht Präsident werden können wie im Fußball. Ist es nicht schwer für Sie als Mann, der Ahnung vom Business hat, Entscheidungen mit Leuten zu treffen, die man im Innersten nicht so ernst nimmt?«

Bruchhagen: »Solche Leute gibt es zunehmend weniger. Aber der Fußball hat was Faszinierendes, eine hohe Öffentlichkeit. Es gibt die tüchtigsten Menschen in Frankfurt, die einen mittelständischen Betrieb leiten mit 200 Angestellten, die machen einen tollen Job – und das schon 30 Jahre. Aber die kennt kein Mensch, obwohl sie wichtiger Bestandteil unseres Staates sind. Sobald sie aber nur stellvertretender Schriftführer bei der Eintracht werden, kommen sie mehr in die Öffentlichkeit. Das macht begehrlich. Sie erleben über Nacht, dass sie anders wahrgenommen werden. Das ist eine Droge.«

Nachtsheim: »In der Politik ist das doch auch so!«

Bruchhagen: »Aber in der Politik musst du dich von unten durchkämpfen und wirst in der Mitte schon abgesägt. Im Fußball geht es blitzschnell. Das gibt es in der Politik nicht. Da musst du aus dem Stadtteil in die Stadt und dann ins Land. Im Fußball kannst du direkt von der 2. Kreisklasse in die Bundesliga.«

Nachtsheim: »Diese Leute haben für den Betrachter oft eine Mischung aus Komik und Bedrohung.«

Bruchhagen: »Aber das wird zunehmend weniger, die Vereine handeln durchdachter, vorsichtiger. Auch unser neues Konstrukt bei der Eintracht sorgt dafür. Früher konnte sich bei der Jahreshauptversammlung jeder wählen lassen, heute setzt sich der Aufsichtsrat zusammen und beruft den Vorstand. Das ist schon ein Filter.«

Nachtsheim: »Wo wir gerade bei Kompetenz sind. Auch bei Trainern hab ich das Gefühl, dass die Dummschwätzer weniger werden. Klopp und Koller zum Beispiel wirken sympathisch und durchaus kompetent.«

Bruchhagen: »Koller ist sehr gefragt. Ich weiß von Vereinen, die sehr hoch anzusiedeln sind, dass Koller dort einen guten Ruf genießt. Solche Trainer werden sich durchsetzen, weil du heute nicht nur Trainer für die Spieler bist, sondern Trainer für ein Trainerteam. Die Anforderungen an den Trainer und seine Vielseitigkeit werden höher. Er muss medial normal aufgestellt und sportwissenschaftlich gut orientiert sein und muss natürlich sein Handwerk, das Fußballgeschäft, verstehen. Da reichen Intuition und selbst ein guter Fußballer gewesen zu sein nicht mehr. Leute wie Rangnick und Klopp, die aus dem Nichts kommen, sind gefragt.«

Nachtsheim: »Es gibt ein schönes Zitat von Leo Benhacker. Der hat einmal gesagt: ›Ich bin jetzt seit 34 Jahren Trainer, da hab' ich gelernt, dass zwei plus zwei niemals vier ist.‹ Was hat er damit gemeint?«

Bruchhagen: »Die Irrationalität unseres Geschäfts. Die Emotionalität. Wenn der Trainer die Mannschaft aktiv an der Linie begleitet und er verliert, heißt es: ›Der macht ja alle Spieler verrückt.‹ Wenn er ruhig sitzt und analysiert dagegen: ›Wenn ich diese Schlaftablette sehe...‹ Vielfach bestimmen die Ergebnisse die Bewertung des Trainers.«

Nachtsheim: »Noch ein Zitat: ›Der Rizzitelli und ich sind schon ein tolles Trio, äh Quartett.‹ Hat Jürgen Klinsmann mal gesagt. Jetzt ist er Bayern-Trainer. Wie sehen Sie das?«

Bruchhagen: »Klinsmann hat an sich gearbeitet. Er war ein guter Spieler. Er hat sich jetzt so weit entwickelt, dass er seine eigenen Vorstellungen zu Visionen erklärt und davon überzeugt ist, dass die Bundesliga das adaptieren müsste. Diesen Schritt gehen wir natürlich nicht mit. Wenn ich ihn angreife, dann nur, um meinen Trainer zu schützen. Am Ende ist mein Trainer nicht zeitgemäß, nur weil Klinsmann weiß, dass die Passgeschwindigkeit 1,6 Sekunden beträgt. Aber unser Trainer weiß auch, dass der Ball schnell gemacht werden muss. Das reicht.«

Nachtsheim: »Klinsmann wird mit einem Trainerteam auflaufen, die Bundesliga wird diskutieren. Aussitzen und abwarten? Was ist Ihre Strategie?«

Bruchhagen: »Abwarten. Gewissen Trends kann man sich nicht entziehen. Irgendwann hat sich der Cesar Menotti vor 20 Jahren mit Anzug und Krawatte hingestellt. Er war der einzige. Dann kam der nächste, irgendwann hat Franz Beckenbauer so dagestanden – und jetzt stehen sie bis auf Funkel oder Gerland alle so da. Die im Trainingsanzug gelten dann als konservativ.

Nachtsheim: »Ich bin großer Funkel-Fan. Ich schätze seine Art, wie er nach schweren Niederlagen die Mannschaft aufbauen kann. Ich erinnere mich an das 2:6 gegen Bremen und dann das große Spiel in Istanbul. Sie waren auch mal Trainer. Ändert das den Blick? Haben sie eine Berufssolidarität?«

Bruchhagen: »Nein, ich darf darauf hinweisen, dass ich Willi Reimann und Egon Coordes entlassen habe. Im Prinzip wähle ich den Trainer aber vorher nach gewissen Gesichtspunkten aus. Diese Kriterien gelten dann ja nach wie vor. Als ich Trainer war im ersten Jahr in Gütersloh, ich sitze im Heidewaldstadion auf der Bank, wir liegen zurück. Plötzlich steht der Präsident am Zaun und ruft: ›Heribert, auswechseln!‹ Ich hab' gesagt: ›Hau ab und lass mich in Ruhe‹. Das war mir immer eine Lehre. Ich gehe nie in den Innenraum, außer zu Interviews. Da hab ich nichts verloren. Das ist der Bereich des Trainers. Wir trinken morgens um neun in meinem Büro Kaffee mit Bernd Hölzenbein. Dann erfahre ich die Dinge. Aber sonst hab' ich viel zu viel Respekt vor dem Traineramt, als dass ich da rumturne.

Funkel ist in entscheidenden Momenten sowieso extrem nervenstark.«

Nachtsheim: »Sie reden ihm also gar nicht rein? Ich wünsche mir, er soll eine Spur innovativer werden, was die jungen Spieler angeht.«

Bruchhagen: »Ich denke auch manchmal, warum wechselt er nicht. Aber damit darf man nicht anfangen. Man gibt sein Vertrauen und die Verantwortung in Gänze. Ich lieg' auch nicht immer richtig. In Stuttgart hätte ich Meier ausgewechselt – und dann schießt der das 2:2. Entweder hat man eine blonde Frau oder eine schwarzhaarige. Alles kann nicht erfüllt werden. Bei einer Trainerentscheidung muss man mit allem leben – auch dass man vielfach anders denkt, als er unten handelt.«

Nachtsheim: »Das Verhältnis zwischen Ihnen und Funkel wirkt nach außen sehr solidarisch…«

Bruchhagen: »Ja, aber das bedeutet nicht, dass wir abends noch zusammen einen trinken gehen.«

Nachtsheim: »Angenommen es gibt eine Krise. Sie stehen vor der Trainerfrage…«

Bruchhagen: »Deswegen gebe ich ihm nur Einjahresverträge. Wenn es darum geht, Trainer zu entlassen, sind in unserem Umfeld alle schnell dabei.«

Nachtsheim: »Ja, dem Brudermord ist in Frankfurt keiner abgeneigt …!«

Bruchhagen: »Wenn du den Trainer entlassen willst, hast du freien Lauf.Wenn die Lawine ins Tal rollt, hast du keine Chance. Ich muss die Vereinsinteressen höher bewerten als die persönlichen Einschätzungen. Deswegen gibt es nur Einjahresverträge. Das mach ich nicht aus Überzeugung, sondern aus der Rückwärtsbetrachtung unseres Vereins.«

Nachtsheim: »Darf ich da einhaken. Als Sie hier anfingen, habe ich gedacht, hoffentlich hat er einen Schutzanzug dabei, weil ich der Überzeugung bin, dass der Riederwald von einem ›Drecksackvirus‹ befallen ist, weil auch integere Leute hier charakterlich abgestürzt sind. Ich bilde mir ein, dass ich mich charakterlich verändere, wenn ich hier nur eine Karte hole. Wie haben Sie es geschafft, dass sich vor allem auch die Außenwahrnehmung der Eintracht positiv verändert hat?«

Bruchhagen: »Ich habe eine große Vereinserfahrung. Mein Vater war erster Vorsitzender der TSG Harsewinkel und wurde sonntags beschimpft von den Fußballern, weil er Turner und Leichtathlet war und die Fußballer den Bus selbst bezahlen mussten.Montags war bei uns im Wohnzimmer Vorstandssitzung mit allen Abteilungen. Diese Erfahrung habe ich mitgebracht, und ich interessiere mich für die Belange des Gesamtvereins. Zudem versuche ich, dialektisch an Probleme heranzugehen, indem ich mir vorher zurechtlege, was könnten die Motive des anderen sein. Aber die Eintracht ist immer noch fragil. Das gehört zu einem Traditionsverein der Liga. Und manche Spieler von früher müssen einfach oppositionell sein. Die alten Spieler müssen verbittert sein, denn heute werden wir als Eintracht wahrgenommen, obwohl Grabowski, Körbel, Nickel und so weiter Eintracht sind und nicht wir.«

Nachtsheim: »Der Ruf der Diva ist momentan stillgelegt. Ist es aber nicht ärgerlich, dass jetzt das Mittelmaß hier als etwas Negatives dargestellt wird. Das impliziert doch Unzufriedenheit. Ich bin jedenfalls total zufrieden als Eintracht-Fan.«

Bruchhagen: »Das ist meine große Marketingaufgabe in den nächsten zwei Jahren, das etablierte Mittelfeld der Liga als positiv darzustellen. Die Liga hat sich verändert. Die Lizenzspieleretats sind so weit auseinandergegangen, dass wir zurzeit keine andere Chance haben. Jeder Spieler, der hier auf sich aufmerksam macht, wird uns von den großen Klubs weggenommen.Wir haben aber schon einen Schritt gemacht, ich kann jeden Spieler aus Duisburg, Bochum und Bielefeld kaufen. Aber so sehr wir uns nach unten abgesetzt haben, so fest wir uns auch mit den Nachverpflichtungen versuchen, im Mittelfeld zu zementieren, so weit sind wir von oben entfernt. Es ist meine Aufgabe, das unaufgeregt zu erklären, obwohl manche Fragestellungen schon Unzufriedenheit suggerieren. Kritische Berichterstattung bedeutet für manchen Journalisten, negativ kritisch zu sein.«

Nachtsheim: »Es gibt ein Foto von Ihnen mit einem Journalisten. Ihr Blick hat was von einem Wachhund, der denkt, wenn er mir blöd kommt, geh ich ihm an den Hals. Haben Sie diese Einstellung?«

Bruchhagen: »Wenn ein Journalist eine Frage stellt, die keine Antwort zulässt, er also nicht fragt, sondern ein Statement abgibt, geh ich in Lauerstellung. Wenn er mich fragt, weil er wirklich eine Antwort haben will, gebe ich die gerne.«

Nachtsheim: »Geben Sie jedem Journalisten die gleiche Chance oder sind sie misstrauisch?«

Bruchhagen: »Es gibt ganz große Journalisten, die ich sehr schätze. Valerien oder Kürten. Die hatten immer Interesse, ihren Gesprächspartner in den Vordergrund zu stellen. Heute sitzen die eigentlichen Interviewtäter aber im Ü-Wagen. Ich hasse es, wenn sie mich was fragen, aber an der Antwort nicht interessiert sind, weil sie ihre Meinung schon gebildet haben.«

Nachtsheim: »Was ist denn die dümmste Frage, die Ihnen gestellt wurde?«

Bruchhagen: »Zum Beispiel: ›Ihre beiden Stürmer Fenin und Amanatidis fallen aus. Sehen Sie darin eine Schwächung?‹ Die Fragen sind so typisch. Die beste Frage ist: ›Wie sehen Sie das Spiel.‹ Dann kann ich sagen, was ich denke. Eine dumme Frage war auch – nach dem 1:1 in Schalke: ›Ist Ihr Spiel nicht zu defensiv ausgelegt?‹ Unser Spiel war nicht defensiv ausgelegt, Schalke hat uns so an die Wand gespielt, dass wir nicht aus unserer Hälfte herausgekommen sind.«

Nachtsheim: »Wir werden oft gefragt, ob es nicht zu viel Comedy im Fernsehen gibt. Wir versuchen seit Jahren mit ›Badesalz‹ keine Inflation zu betreiben. Wir haben mehr TV-Auftritte ab- als zugesagt... Aber ich wollte eigentlich auf etwas anderes hinaus. Gibt es zu viel Fußball im Fernsehen?«

Bruchhagen: »1992 wechselte die Bundesliga von RTL zu Sat1. Da hab ich auf einer Tagung gesagt: ›Wenn Sie fünf Spiele live zeigen und parallel dazu die Bundesliga spielt, machen sie die Stadien leer.‹ Ich hab' zu 100 Prozent unrecht gehabt. In der Folge gab es immer mehr Fußball im TV, und die Zuschauerzahlen sind immer mehr gewachsen. Das ist unglaublich.«

Nachtsheim: »Das Phänomen gibt es auch in der Comedy. Mario Barth hat mittlerweile zwei DVDs in den Top-Ten, sein Programm lief auf RTL mit einer Riesenquote, und trotzdem ist er der erste Comedian, der im Juni das Olympiastadion in Berlin mit 70 000 Fans füllt. Das gab es noch nie. Alle kennen das Programm, aber rennen hin. Das ist noch erstaunlicher. Beim Fußball gibt es ja wenigstens immer noch Überraschungen.«

Bruchhagen: »Ich hab' 1992 falschgelegen mit der Einschätzung, die Ware Fußball verknappen zu müssen, um die Stadien voll zu kriegen. Es ist anders gekommen. Die Konferenz bei Premiere ist für den Fan eine Topsendung. Meine Frau macht Apfelkuchen und Kakao. Ich genieße es, die Bundesliga so zu erleben.«

Nachtsheim: »Sind Sie fußballsüchtig?«

Bruchhagen: »Ja, aber es hat seine Grenzen.Wenn sonntags um 14 Uhr die Konferenz der 2. Liga beginnt, wünsche ich mir manchmal, dass meine Frau zu ihrer Mutter fährt (lacht). Meist ist der Respekt vor meiner Frau aber zu groß und ich gehe mit spazieren. Und ich muss auch noch so tun, als würde ich das gerne machen« (lacht).

Nachtsheim: »Ich bin als kleiner Junge als Köln-Fan ins Waldstadion und als Eintracht-Fan, ohne Köln-Schal, dafür aber mit Eintracht-Wimpel, wieder raus, weil mich Hölzenbein und Grabowski begeistert haben. So hießen auch meine ersten Meerschweinchen. Diese Spieler damals sind über Jahre geblieben und waren meine Helden. Wenn heute ein Junge kommt und sich Kyrgiakos als Lieblingsspieler ausguckt, ist dieser vielleicht in einem halben Jahr schon wieder weg. Welchen Identifikationsfaktor bieten Sie den Kids?«

Bruchhagen: »Die größte Bindung ist die Atmosphäre im Stadion. Das ist die emotionale Ebene, die junge Leute an die Eintracht bindet. Dieses Spektakel ist enorm. Auch das Wir-Gefühl ist ein Grund, warum so viele Menschen zur Eintracht gehen. Die Menschen haben das Wir-Gefühl verloren, weil es keine Pfadfinder mehr gibt, keine CVJM. Familiäre und berufliche Bande gibt es auch nicht mehr so. Nur noch samstags ab 12 Uhr in der Eintracht-Kutte gibt es das Gefühl. Das ist mein Eindruck. Das ist der größte Bindungsfaktor. Einzelne Spieler haben nicht mehr die ganz große Bedeutung.«

Nachtsheim: »Ich verstehe, dass junge Spieler wechseln wollen, kann nachvollziehen, dass Streit geht – aber mitten in der Saison? Es ist nicht leicht für mich als Fan.«

Bruchhagen: »Das hängt mit dem Gehaltsgefüge zusammen. Früher hat Hölzenbein 60.000 Mark verdient, Gerd Müller 90.000 Mark. Heute sind es andere Dimensionen. Yeboah, Stein, Bein waren nicht zu kriegen für Bayern. Heute können sie die ganze Mannschaft kaufen.«

Nachtsheim: »Emotional ist es trotzdem blöd. Manchmal hätte ich gern eine Mannschaft wenigstens noch für eine Saison.«

Bruchhagen: »Sie haben doch Oka, der ist seit 1992 bei uns« (alle lachen).

Nachtsheim: »Wie ist das, wenn Sie Premier League schauen, die Spiele der großen Vereine?«

Bruchhagen: »Das ist eine andere Welt. Ich nehme das so wahr wie ein Landesligaspieler die Eintracht wahrnimmt.«

Nachtsheim: »Sie haben zwei Jahre in der 2. Liga Nord gespielt. 47 Spiele, sechs Tore. Im Schnitt 0,12 pro Spiel. Waren Sie einfach nur ein guter Vorbereiter oder ein Chancentod?

Bruchhagen: »Ich war ein Angsthase. Wenn eine Flanke in den Strafraum segelte, war mein erster Gedanke nicht, den Ball mit dem Kopf zu bekommen, sondern: ›Kommt da jetzt so 'ne Lokomotive aus dem Tor und überollt mich?‹«

Nachtsheim: »Ich habe in meinem ganzen Leben noch nie ein Tor geköpft.«

Bruchhagen: »Ich habe über 500 Spiele für Gütersloh gemacht.Wir haben uns 1974 für die 2. Liga qualifiziert und sind nach zwei Jahren mit Kalli Feldkamp als Trainer abgestiegen. Ich habe nie ein Angebot eines anderen Vereins bekommen. Das wird seine Gründe haben.«

Nachtsheim: »Sie waren 20 Jahre in Gütersloh, ihre Frau haben Sie mit 16 Jahren kennengelernt. Sie sind ein Mann der Kontinuität. Jetzt kam ein Angebot aus Wolfsburg. Würde Sie das reizen?«

Bruchhagen: »Ich habe immerhin zugelassen, ein Gespräch zu führen. Das hätte ich nicht machen sollen.«

Nachtsheim: »Wenn der Fußball-Gott sagen würde: ›Heribert, du darfst dir einen Verein aussuchen…‹«

Bruchhagen: »Da gibt es nur einen. Ich bin nur bei einem Verein Mitglied, dem FC Schalke.Wenn ich einen Wunsch frei hätte, würde ich Trainer bei einem Spitzenverein der Bundesliga sein. Aber das wird selbst der Fußball-Gott nicht schaffen.«

Nachtsheim: »Wenn man alten Männern, die schlecht hören, den Vorschlag macht: ›Kauf dir mal ein Hörgerät‹, sagen die – nach dem dritten Mal nachfragen: ›Nee, brauch ich net.‹ So ist es doch auch bei bestimmten etablierten Herrschaften, wenn es um Neuerungen im Fußball geht? Zum Beispiel diese langatmige Diskussion um die Torkamera, die es beim Eishockey schon lange gibt. Was ist der Grund für diese Trägheit?«

Bruchhagen: »Ich werde mir nie ein Hörgerät anschaffen. Weil ich auch einer dieser Leute bin, die weiter wollen, dass es Fehlentscheidungen gibt. Ich möchte, dass das Spiel so bleibt, wie es ist. Ich wünsche mir von unseren Spielern mehr Respekt gegenüber Fehlentscheidungen. Die Engländer stecken das weg. Der Ballack ist hier hinter jedem Schiedsrichter hergelaufen, in England traut er sich das nicht. Da müssen wir hinkommen. Zur Torkamera: Das Phänomenale am Fußball sind die für alle gleichermaßen gültigen Regeln. Am Ende kann sich nur die Bundesliga erlauben, ein Gerät fur 120.000 Euro in den Pfosten zu montieren. Ich sehe das bis zur Kreisliga: gleiches Spiel, gleiche Regeln, gleiche Fehlentscheidungen. Also: Ich brauche kein Hörgerät! Außerdem habe ich mal das International Board kennengelernt. Das ist die Vereinigung der Fifa, die für Regeln verantwortlich ist. Die haben ein Durchschnittsalter von 80. Die werden nichts ändern.«

Nachtsheim: »Also ganz innovative Jungs. Wissen Sie, warum die nichts verändern? Weil die teilweise gar nichts mehr hören ohne Hörgerät. Aber was anderes: Wenn man Ottmar Hitzfeld sieht, dem kann man den Stress im Gesicht ablesen. Sie wirken immer locker. Wie bauen Sie Stress ab?«

Bruchhagen: »Ich jogge am Main.«

Nachtsheim: »Kicken Sie noch?«

Bruchhagen: »Ja, aber das tut mir weh. Ich nehme mir vor, nur dosiert zu laufen, aber dann steht es 1:1, so ein Lümmel gibt mir einen mit dem Ellenbogen und dann lauf ich schneller und schon hab' ich eine Zerrung und mein Knie tut weh. Deswegen laufe ich lieber dreimal pro Woche am Main bis zur Offenbacher Schleuse.«

Nachtsheim: »Sind Sie abergläubisch?«

Bruchhagen: »Nein, mich interessiert nicht, mit welchem Bein ich aufstehe oder welche Krawatte ich anhabe.«

Nachtsheim: »Seien sie froh. Ich bin vor Auftritten immer ein Wrack. Auf der Bühne ist es dann zum Glück weg. Vor Premieren brauche ich aber oft ein tröstendes Gespräch.«

Bruchhagen: »Sagen Sie sich doch: Was wär die Welt ohne mich. Zu diesem Selbstbewusstsein müssen wir kommen.«

Nachtsheim: »Dann mache ich das ab jetzt so ... Was anderes: Als Musiker interessiert mich auch Ihr Musikgeschmack.«

Bruchhagen: »Ich bin da eher ›oldfashioned‹. Ich fühle mich wohl, wenn ich mit einem Bier und einer Zigarette in einer Männergesellschaft an der Theke stehe, Udo Jürgens höre – ›Ich war noch niemals in New York‹ – oder Hans Albers, oder auch Lieder wie Marianne Rosenbergs ›Er ist nicht wie du‹. Das heißt: Wir suchen eine Schlagerwelt, die wir selbst belächeln und fühlen uns da gut. Sich selbst auf die Schippe nehmen, hat damit zu tun. Ich mag auch Rio Reiser.«

Nachtsheim: »Das sind ja alles deutsche Acts. Waren Sie Beatles- oder Stones-Fan ?«

Bruchhagen: »Wir waren mal auf Klassenfahrt in Berlin. Auf der Waldbühne traten die Stones auf. Wir hatten keine

Karten und kein Geld. Die Stones-Anhänger waren mir damals zu avantgardistisch. Die waren außerhalb der Gesellschaft, irgendwie unheimlich.«

Nachtsheim: »Das waren sozusagen die Ultras der Rockszene …«

Bruchhagen: »Genau. Das hatte ich immer im Hinterkopf. Auf den Kellerfeten neigte ich zu der Musik, bei der ich mit den Damen Körper an Körper tanzen konnte. Ich hatte einen Touch zu Platten wie ›Hide away‹ oder ›Black is Black‹. Ich mochte immer mehr die melodiösen Dinge.«

Nachtsheim: »Dann also eher die Beatles?«

Bruchhagen: »Ja. In irischen Pubs wird man ja genötigt, beim Biertrinken zu singen. Beim Karaoke lasse ich mir gerne ›Help‹ auflegen. Wenn alle Stricke reißen, nehme ich von Tom Jones auch ›Green, green grass of home‹. Das kann jeder singen.«

Nachtsheim: »Ja, das ist nicht so anspruchsvoll. Wie ist es mit Filmen? Gehen Sie gerne ins Kino?«

Bruchhagen: »Mein Ausgleich ist Fußball. Ich bin auch heute wieder gezwungen, Nigeria gegen Benin zu gucken. Hölzenbein hat mir wieder einen Spieler genannt.«

Nachtsheim: »Ich habe die Erfahrung gemacht, dass mich Filme manchmal trösten.«

Bruchhagen: »Wenn ich im Kino bin, habe ich auch das Gefühl, dass ich das häufiger tun müsste, aber der Regelabend sieht anders aus. Ich habe eine exponierte Wohnung in Sachsenhausen unterm Dach. Von da aus schaue ich auf den Main und auf Frankfurt. Dann hab' ich klassische Musik im Hintergrund laufen, lese Zeitung und gucke Fernsehen. Ich bin ungestört. Wilhelm Busch hat gesagt: ›Wer einsam ist, der hat es gut, weil niemand ist, der ihm was tut.‹ Das ist meine kleine Welt.«

Nachtsheim: »Man liest ja immer vom ›spröden und staubtrockenen‹ Bruchhagen. Wie gehen Sie damit um? Sie sind ja alles andere als das!«

Bruchhagen: »Ich bin schon mal wortkarg und einsilbig, weil die meisten Fragen, die ich beantworten soll, einen anderen Menschen beschädigen könnten, wenn ich sie wahrhaftig beantworte. Da bin ich lieber einsilbig.«

Nachtsheim: »Wer hat Sie bislang am meisten beeindruckt?«

Bruchhagen: »Helmut Schmidt. Aber auch Helmut Kohl. Die Eigenschaft, so viel Schaffenskraft zu entwickeln, wohl wissend, dass 75 Prozent der Bevölkerung ihn ablehnen und der ›Spiegel‹ ihn zwölf Jahre gejagt hat. Das ist phänomenal.«

Nachtsheim: »Wenn Sie die Eintracht verlassen, was würde Ihnen fehlen, außer dem hessischen Hang zum Brudermord?«

Bruchhagen: »Mir gefällt es hier schon gut. Ich hab' Frankfurt lieben gelernt. Vor 15 Jahren, als ich mit Schalke und dem HSV nach Karlsruhe gefahren bin, hab' ich von der A5 die Türme gesehen und gedacht, ich möchte hier nie leben. Heute sieht das anders aus. Das Gesamtgebilde Frankfurt ist spannend. Was mir besonders gefällt, ist, wie hart die Hessen miteinander ins Gericht gehen in einem normalen Biergespräch. In der hessischen Mundart schlagen die nicht die feine Klinge. Die gehen mit dem Säbel aufeinander los, ohne dass sie sich böse sind. Die rohen Umgangsformen, aber eine über den Dingen stehende innere Verbindung. Das gefällt mir.«

Danksagung

Ein großes Dankeschön für das Mitwirken an diesem Buch geht an Gerd Steines, Heribert Bruchhagen, Heiko Rhode, Silke und Harald Welt, Steffi Straube, Marc Schäfer, Ronny Herteux, Michael Lennard, Markus Katzenbach, Klaus Veit, Roland Stipp, Petra Hermanns, Valesca Schober, Sibylle Schmidt, Nicole Proba, Matze Thoma, Dr. Jürgen Kron, Heiko Beeck, Petra Ochs, Gaby Bresslein, Melanie Merz, natürlich Brocken alias Alexander Gerloff ... und BIGGI!

Ein Extra-Dankeschön geht an das komplette Team von unexpected, die mir diesen großartigen Film für mein Liveprogramm gestaltet haben!

Viele liebe Grüße gehen an
Kerstin, Jascha, Lucie (was für ein genialer Tipp!) und Max, Tetta und Maha, Mam und Wolfgang, Corinna, Gerd, Emil und Paulina, Ela, Ronnie, Julian und Simon, Hilli und Klaus, Tommi, Michael und Beate, Volker und Anna, Hans, Elisabeth, Josch und Paul, Nadine, Johannes, Benjamin, Roland, Patrick, das Team vom Konzertbüro Emmert, Crepper, Simone und Senta, meine Band nämlich Lea, Almut, Ali, Martin, Frowin, Oli und Andreas und die dazugehörige Crew mit Achim, Tobi und Uli, Heinz Canibol und Roman Rybnikar, Dirk Lehberger, Andreas Nehr, Jürgen und Uschi Biggeleben, Bertram Görge, Ecki Weidmann, Roland, Anne, Nele und Mike, Peter, Klara, Charlotte und Emily, Tina und Michael, Udo und Manu, Olaf, und Erika, Uwe Bindewald, Alex Schur, Charly Körbel, Bernd Hölzenbein, Merlin und Nickel sowie Dr. Thomas Pröckl und seine Familie!

Gewidmet Jürgen Grabowski!

Was für ein historisches Foto! Charly Körbel und ich beim gemeinsamen Drehen eines Spots zur Frauen-Fußball-WM 2011!

Bildnachweis

Heiko Rhode: Seite 6, 17, 18, 23, 29, 32 (2x), 34, 37, 40, 44, 45, 51, 52, 65, 66, 69, 78, 88, 89, 90, 93, 94, 97, 98, 100, 101, 108, 117, 120, 126, 129, 134, 149, 155, 166, 172, 173, 176, 179, 187, 190 und 196/197
Harald Welt: Seite 9
Stefanie Straube: Seite 49, 55, 69,139 und 142
Hendrik Nachtsheim: Seite 13, 26, 58, 63 und 111
Roland Willaert: Seite 62
Alexander Mirsch: Seite 105
dpa Picture-Alliance: 160, 163, 169 und 182
Vereinsarchiv Eintracht Frankfurt e.V.: Seite 151, 152 und 198/199
Marc Schäfer: Seite 216

Zu einem Buch gehört gegebenenfalls auch eine Lesung. Was allerdings eine Lesung ohne zu lesen ist, erfährt man nur, wenn man hingeht.
Alle Infos und Termine auf
www.henninachtsheim.de